유튜브가 우리에게 없었다면

지식
+
진로
17

유튜브가 우리에게 없었다면

주형일 지음

신문부터 SNS까지 세상을 잇는 미디어 리터러시

다른

사회과학

인문학

미디어

예술학

공학

광고홍보

신문방송

정보미디어

국어국문

문예창작

문화인류

방송연예

연극영화

사진영상예술

시각디자인

전기전자

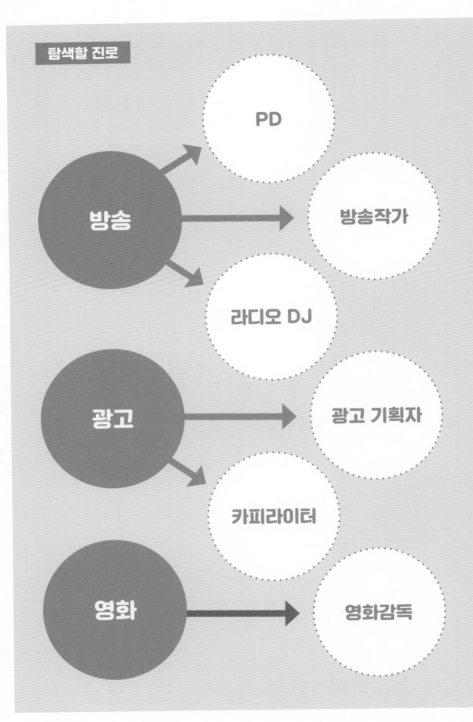

탐색할 진로

PD

방송

방송작가

라디오 DJ

광고

광고 기획자

카피라이터

영화

영화감독

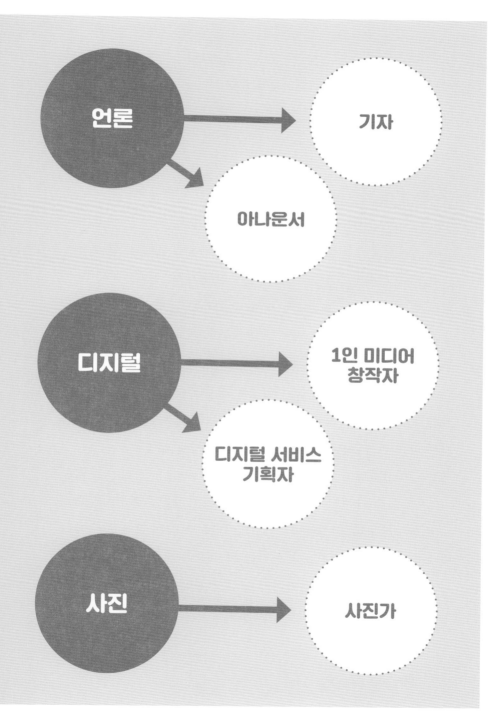

들어가며

| **지금껏 상상하지 못한 미디어의 세계로**

만약 스마트폰이 없다면 우리의 일상은 어떻게 달라질까? 우리는 아침에 스마트폰 알람 소리를 들으며 일어나, 스마트폰에 나오는 영상과 음악을 보고 들으며 밥을 먹는다. 그뿐 아니라 친구들과 메시지를 주고받고 사진을 촬영하고 게임을 하고 은행 업무를 보는 등 일상의 다양한 일을 스마트폰을 이용해 처리한다. 스마트폰이 사라진다면, 우리는 생활 속 많은 일을 좀 더 어렵고 복잡한 방식으로 처리해야 할 것이다. 스마트폰이 일상생활 속에 자리 잡은 것은 20년이 채 되지 않았지만, 이제 스마트폰이 없는 세상을 상상하기도 어렵게 되었다.

스마트폰은 단순한 전화를 넘어서, 전 세계 사람들과 실시간으로 소통하고, 새로운 정보를 얻고, 재미있는 오락을 즐기고, 나아가 자기의 생각과 감정을 표현하는 데 사용하는 미디어이다. 스마트폰과 같은 디지털 미디어가 생기기 전에 사람들은 어떻게 세상에 대한 정보를 얻고, 다른 사람들과 소통하고, 여가를 즐겼

을까?

스마트폰이 없던 시절, 사람들은 정보를 얻기 위해 신문, 라디오, 텔레비전 같은 전통적인 매스미디어(대중 매체)에 의존했다. 아침에 눈을 뜨면 신문을 펼쳐 들었고, 중요한 사건과 새로운 소식을 접하기 위해 라디오를 켜거나 저녁 뉴스를 기다렸다. 인터넷에서 정보를 검색할 수 없었기 때문에, 궁금한 것이 있으면 도서관에 가서 책이나 백과사전을 찾아야 했다. 세상이 어떻게 돌아가는지 알기 위해서는 많은 시간과 노력이 필요했다.

사람들과는 집 전화나 공중전화를 통해 대화를 나눴고, 직접 얼굴을 마주 보고 대화하는 것이 가장 흔한 소통 방식이었다. 멀리 떨어진 사람에게 소식을 전할 때는 편지를 썼다. 편지가 도착하기까지는 며칠, 때로는 몇 주가 걸리기도 했다. 지금처럼 메시지를 몇 초 만에 보내고 받는 것이 아니라, 언제 올지 모르는 상대방의 답장을 기다려야 했다. 더 옛날로 거슬러 올라가면, 사람들은 봉화, 비둘기, 전령 등을 통해 소통했다.

음악을 듣고 영상을 감상하기 위해서는 음악 감상실이나 영화관을 가거나 LP판이나 카세트테이프를 구매하고 비디오테이프를 대여해야 했다.

이 책은 전령이 수십 킬로미터를 달려 메시지를 전하던 시절부터 현재까지의 미디어 변천사를 탐구하며, 그 과정에서 미디어가 사회에 어떤 영향을 끼쳤는지 설명한다. 미디어는 단순한 정보 전달 도구가 아니라, 사람들의 생각과 행동, 그리고 사회 전반을 변화시키는 힘을 가지고 있다. 그 힘을 이해하고 활용하는 능력을 미디어 리터러시라고 한다. 미디어 리터러시는 청소년들이 현대 사회를 살아가는 과정에서 갖춰야 할 필수적인 능력이다.

인류의 역사를 통해 수많은 미디어가 등장하고 사라졌듯이, 앞으로도 우리는 새로운 미디어의 탄생을 보게 될 것이며, 미디어가 펼쳐 내는 새로운 세상을 경험하게 될 것이다. 인공지능 미디어가 보여 주듯이, 디지털 기술은 과거에는 많은 시간과 노력이 필요했던 일을 더 쉽고 더 창의적으로 처리할 수 있는 길을 개척했다. 기술이 발전할수록, 미디어를 책임 있게 사용하고 현명하게 활용할 수 있는 방법을 찾는 일이 점점 더 중요해지고 있다.

　미래에는 어떤 미디어를 만나게 될까? 우리가 살고, 일하고, 연결되는 방식은 어떻게 바뀔까? 미래가 어떻게 될지 정확히 예측할 수는 없지만 한 가지는 확실하다. 바로, 미디어는 우리가 상상할 수 없는 방식으로 계속해서 우리 삶을 바꿔 갈 것이라는 점이다. 스마트폰이 20년도 안 되어 우리 삶을 변화시켰듯이, 차세대 미디어는 새로운 가능성의 세계를 열어 줄 것이다. 앞으로 등장할 새로운 미디어들이 우리의 삶을 얼마나 혁신적으로 변화시킬지 상상해 보자. 이 책은 여러분을 그 상상의 세계로 초대할 것이다.

차례

1장 미디어를 읽다_문자 미디어

2장 미디어를 듣다_소리 미디어

3장 미디어를 보다_시각 미디어

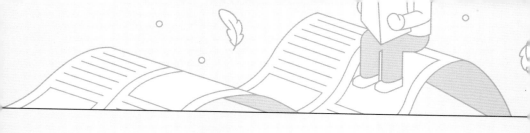

4장 미디어를 만나다_소셜 미디어

1장

미디어를 읽다
문자 미디어

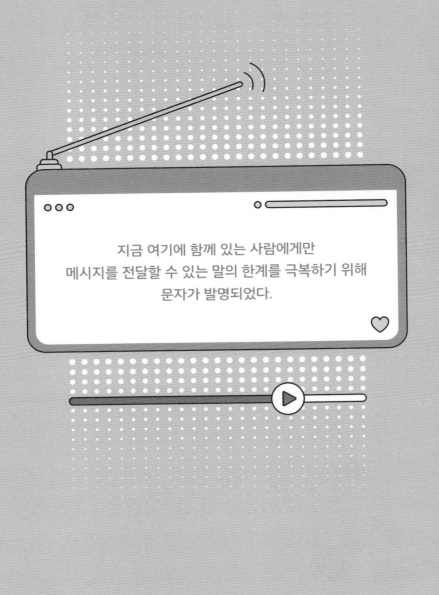

지금 여기에 함께 있는 사람에게만
메시지를 전달할 수 있는 말의 한계를 극복하기 위해
문자가 발명되었다.

비둘기와 횃불로 소통하던 시절

'미디어'를 폭넓게 정의하자면, 커뮤니케이션을 위해 메시지를 담아 전달하는 수단이라고 할 수 있다. 디지털 기술이 발달한 현대사회에서 가장 중요하게 사용되는 미디어는 스마트폰과 인터넷이다. 스마트폰과 같은 디지털 미디어 덕분에 우리는 상대방이 세계 어디에 있든 실시간으로 메시지를 전달할 수 있다. 이러한 미디어가 없던 과거에는 먼 곳에 있는 사람에게 어떻게 메시지를 전달했을까?

자동차나 비행기와 같은 장거리 이동 수단이 없는 상황에서, 아주 멀리 떨어진 곳에 있는 사람에게 메시지를

커뮤니케이션

사람들끼리 서로 생각, 느낌 같은 정보를 주고받는 일. 말이나 글, 그 밖의 소리, 표정, 몸짓 등으로 이루어진다.

전하려면 수십 일이나 수개월이 걸릴 수도 있다. 하지만 나라에 외적이 침입하거나 하는 중대한 일이 발생한다면 중앙 정부에 소식을 전하는 데 그렇게 긴 시간을 허비할 수 없다. 그래서 오래전부터 많은 나라에서는 장거리 커뮤니케이션을 위한 효과적인 미디어를 개발해 사용해 왔다.

봉화를 올려라!

멀리 있는 곳에 빨리 소식을 전하기 위해 한국, 중국, 일본 등에서는 봉수라는 미디어를 이용했다. 역사 드라마에서 외적이 침입했을 때 "봉화를 올려라!"라고 말하는 장면을 종종 보았을 것이다. 이 봉화가 바로 봉수의 한 종류이다. 봉수에서 '봉烽'은 횃불을 뜻하고 '수燧'는 연기라는 의미이다. 산이 많은 한국에서는 산꼭대기에 봉수대를 만들어 밤에는 불을 피워 소식을 전하고 낮에는 연기를 피워 신호를 보냈다.

봉수는 삼국시대부터 사용한 것으로 알려져 있는데, 조선 시대에 사용하던 봉수대는 아직도 곳곳에 남아 있다. 봉수대는 10여 킬로미터마다 하나씩 설치되어 있었고, 앞에 있는 봉수대의 신호를 뒤의 봉수대에 전달하는 방식으로 운영되었다. 불이나 연기를 몇 번 피웠느냐에 따라 적이 나타났는지, 적과 싸우고 있는지 등을 알려 줄 수 있었다. 임진왜란 때 일본군이 부산을 공격한다는 소식을 봉수를 이용해 한양까지 전하는 데 12시간이 걸렸다고 한다.

사람이 직접 알리는 게 최고지

이렇듯 봉수를 이용하면 '적이 나타났다'와 같은 간단한 정보를 빨리 전달할 수 있었지만, 구체적이고 상세한 메시지를 전할 수는 없었다. 세세한 메시지를 전하기 위해서는 사람을 직접 보내야 했다. 한 사람이 먼 거리를 단숨에 가기는 어렵기 때문에, 많은 나라에서 전령들이 어느 만큼의 거리를 달린 후에 교대하는 방식을 이용했다.

특히 고대 그리스에서는 멀리 떨어진 지역 사이의 커뮤니케이션을 위한 전령 제도가 체계적으로 잘 짜여 있었다. 이때의 전령은 고도의 훈련을 받은 전문직에 가까웠다. 당시에 전령이 되기 위해서는 강인한 체력과 달리기 기술은 물론이거니와, 매우 뛰어난 기억력과 큰 목소리를 갖고 있어야 했다. 메시지를 모두 완벽히 암기해 도착지에서 큰 소리로 전달할 수 있어야 했기 때문이다.

전령이 전해야 하는 메시지가 한번 정해지면, 한 단어도 마음대로 바꿔 전달할 수 없었다. 좋은 소식을 전한 전령은 환영을 받고 보상도 받았지만, 나쁜 소식을 전하게 되는 경우에는 심한 욕설을 들어야 했다. 최악의 경우, 전령이 살해당하는 일도 있었다.

고대 그리스의 전령에 얽힌 이야기 중에 가장 유명한 것은

오늘날 아테네의 마라톤 로드에 세워진 전령의 동상

마라톤 전투의 승전보를 알린 전령의 이야기일 것이다. 기원
전 490년 페르시아의 대군과 아테네 군대가 그리스의 마라톤
이라는 지역에서 격돌했다. 이 전투에서 페르시아 군대는 무려
6,000명이 넘는 사망자를 내며 크게 졌다. 아테네 군은 불안에
떠는 아테네 시민들에게 승전보를 알리기 위해 전령을 보냈다.
40여 킬로미터를 내달린 전령은 도착하자마자 "기뻐하라, 우리
가 승리했다!"라고 외친 뒤에 바로 숨을 거두었다고 한다. 이 전
설적인 사건을 기리기 위해 올림픽 경기에서 마라톤 경주가 시
작되었다.

　실제로 전령이 소식을 전하고 사망했는지는 역사적으로 명확

히 밝혀진 바가 없다. 아마도 나중에 지어낸 이야기일 가능성이 크다. 고대 그리스의 역사학자 헤로도토스의 책에는 마라톤 전투 당시 필립피데스라는 전령이 스파르타에 지원을 요청하기 위해 하루에 112km를 달려 약 230km의 거리를 왕복했다는 기록이 있다. 그렇게 먼 거리를 달릴 수 있는 전령이 고작 40km 남짓을 달리고 지쳐 죽지는 않았을 것이다.

아메리카 대륙에서 번성했던 마야, 아즈텍, 잉카 제국에도 멀리 떨어진 지역을 연결하는 전령들이 있었다. 고도의 훈련을 받은 민첩하고 건강한 신체를 가진 청년이 전령이 될 수 있었다. 고대 그리스의 전령과 마찬가지로 아메리카 대륙의 전령도 메시지를 암기할 수 있는 좋은 기억력까지 갖고 있어야 했다. 마야나 잉카 제국에서는 10~45km마다 설치된 중계소에서 전령을 교체하는 방식으로 하루에 300km 정도를 연결할 수 있었다.

아메리카 대륙의 전령은 말뿐 아니라 몸으로도 메시지를 전달했다. 만약에 전령이 머리를 풀어 헤친 채 목적지에 도착한다면 전투에서 패했다는 나쁜 소식을 갖고 온 것이다. 반면에 전령이 단정하게 땋은 머리에 다양한 색의 리본을 단 채로 도착한다면 좋은 소식을 전하러 온 것이다. 이렇게 사람들은 전령의 모습만으로도 메시지의 좋고 나쁨을 짐작할 수 있었다.

말을 탄 우편 배달부와 훈장 받은 비둘기

말이 있는 지역에서는 말을 이용한 전령 제도를 운영했다. 조선 시대에 공문서를 전달하기 위해 시행했던 파발 제도가 대표적이다. 주요 도시에 역참을 두고 말을 관리했는데, 이 말을 파발마라고 했고 문서를 전달하는 사람을 파발꾼이라 불렀다.

역참

삼국 시대부터 조선 시대까지 공공 업무를 수행하기 위해 설치했던 교통·통신 기관을 말한다. 공문서, 군사 정보, 공공 물자 등이 이곳을 통해 오갔다.

파발 제도는 한국뿐 아니라 여러 나라에서 시행되었는데, 시간이 흐르면서 점차 근대적인 우편 제도로 발전했다. 19세기 미국의 서부 개척 시대에는 말을 탄 우편 배달부와 역마차가 동부와 서부의 도시를 오가며 우편물을 배달했다. 특히 '포니 익스프레스'라고 불린 우편 서비스는 파발 제도처럼 역참을 중계소로 이용하면서, 동부와 서부를 단 10일 만에 가로질렀다.

말뿐 아니라 비둘기도 장거리 커뮤니케이션을 위한 미디어로 이용되었다. 미디어 역할을 한 비둘기를 전서구傳書鳩라고 하는데, 글을 전하는 비둘기라는 뜻이다. 비둘기는 자기 둥지로 되돌아가는 귀소본능을 갖고 있다. 따라서 둥지에서 멀리 떨어진 곳에서 비둘기의 다리에 편지를 매달아 날리면, 원래 둥지로 되돌아가 자연스럽게 편지를 전달할 수 있게 된다.

하지만 전서구는 크게 믿을 만한 미디어는 아니었다. 훈련이 안 된 비둘기는 자기 둥지를 잘 찾아가지 못할 수도 있고 도중에 사냥을 당할 수도 있었기 때문이다. 그럼에도 전서구는 제1차 세계대전 때까지도 이용되었다. 포화를 뚫고 중요한 정보를 잘 전달해 많은 사람의 생명을 구한 공로로 훈장을 받은 전서구도 있었다.

설득하려면 '말馬'이 아닌 '말言'

앞에서 소개한 봉수, 전령, 파발, 역마차, 전서구 등은 전신이나 전화처럼 전기와 전파를 이용한 미디어가 등장하기 전까지 널리 쓰였다. 이것들의 공통점은 중앙 정부가 넓은 지역을 통치하는 데 이용했다는 것이다. 평범한 사람들의 의견이나 생각을 전달하는 것이 아니라, 권력자의 명령을 각 지방에 전달하고 거기서 벌어진 중요한 사건을 통치자에게 보고하는 용도였다.

평범한 사람들은 대개 집이나 마을처럼 서로 쉽게 닿을 수 있는 공간에서 가족이나 이웃과 대화를 나누며 살았다. 말로 하는 대화는 가장 보편적인 미디어였다. "말 한마디에 천 냥 빚을 갚는다"라는 속담처럼 말을 잘하는 사람, 언변이 좋은 사람은 더 좋은 인간관계를 맺고 더 유리한 상황을 만들 수 있었다.

이 연사, 소리 높여 외칩니다!

선거를 통해 정치인을 선출하는 시대가 되면서 말로 대중의 지지를 얻는 것이 중요해졌다. 사람들 앞에서 큰 소리로 자기의 생각이나 의견을 말로 전달하는 행위를 웅변이라고 한다. 비슷한 단어로는 연설이 있다. 요즘은 스피치speech라는 영어 단어를 많이 사용한다.

연설이나 웅변을 하는 것은 말하는 이의 생각을 공개적으로 전달해서 사람들의 동의를 구하거나 행동을 불러일으키기 위해서다. 즉, 사람들을 설득하는 것이 목적이다.

예전에는 크고 작은 웅변대회가 곳곳에서 열렸고 웅변 학원에 다니는 학생들도 많았다. 단상 위에 선 학생이 양팔을 들어 올리면서 주먹을 불끈 쥐고 "이 연사, 소리 높여 외칩니다!"라고 부르짖는 모습은 웅변대회에서 흔히 볼 수 있는 풍경이었다.

일방적인 명령을 내리는 것이 아니라 말로 사람들을 설득하려 한다는 점에서 연설이나 웅변은 민주주의와 아주 가깝게 맞닿아 있다. 말을 잘하는 기술인 수사학이 본격적으로 등장한 것도 고대 그리스에서 민주주의 정치 체제가 나타났을 때이다. 수사학을 확립한 고대 그리스의 철학자 아리스토텔레스는 올바른 시민이 대중에게 진실을 알리고 전파하기 위해서는 수사학을 잘 알아야 한다고 주장했다.

설득의 3대 비결

사람들을 설득하는 데 효과가 있는 수사적 표현법으로는 다음과 같은 것들이 있다.

첫 번째, 수사적 질문이다. 이것은 답변이 굳이 필요하지 않은 당연한 사실을 질문의 형태로 말하는 방식이다. 예를 들어, "남은 인생을 실패자로 살고 싶습니까?"라는 질문에는 누구나 "아니오"라고 대답할 것이다.

미국의 버락 오바마 전 대통령은 국내에서 일하는 외국인 노동자들의 신분을 합법적으로 인정하자고 제안하는 연설에서 다음과 같이 말했다.

"우리는 우리의 과일을 따고 우리의 침대를 정리하는 노동자들이 전혀 합법적으로 일할 수 없는 위선적인 시스템을 용인하는 국가입니까? 아니면 그들에게 보상하고, 책임을 지고, 그들의 아이들에게 더 나은 미래를 줄 수 있는 국가입니까? 우리는 부모의 품에서 자녀를 빼앗는 잔인함을 수용하는 국가입니까? 아니면 가족을 소중히 여기고 가족이 함께 살도록 노력하는 국가입니까?"

이렇게 마땅한 답이 정해져 있는 질문을 던지면서 상대를 설득하는 것이 바로 수사적 질문이다.

두 번째, 과장법이다. 이것은 어떤 내용을 과장해서 표현함으로써 대중에게 깊은 인상을 주는 방법이다. 예를 들어, "머리부터

2008년 펜실베이니아주에서 선거 유세 연설을 하는 버락 오바마

발끝까지 다 사랑스러워"는 어떤 사람이 가진 매력을 과장하는 표현이다.

과장법이 많이 사용되는 커뮤니케이션이 바로 광고이다. "지금까지 이런 치킨은 없었다", "한번 맛보면 결코 잊을 수 없는" 등과 같은 표현이 대표적이다.

광고뿐 아니라 최대한 많은 이에게 굳건한 의지를 드러내야 할 때도 과장법이 많이 쓰인다. 1919년 발표된 〈3·1독립선언서〉

에서 "최후의 일인까지 최후의 일각까지 민족의 정당한 의사를 쾌히 발표하라"라고 선언한 것처럼 말이다.

세 번째, 교차배열법이다. 이것은 두 개의 비슷한 표현을 하나의 문장에서 교차해 배열함으로써 메시지를 강조하는 기법이다. 미국의 존 F. 케네디 전 대통령이 취임 연설에서 이 기법을 사용했다.

"국가가 여러분에게 뭘 해 줄 수 있는지를 묻지 말고, 여러분이 국가를 위해 뭘 할 수 있는지를 물으세요."

조선의 이순신 장군이 전쟁 중에 쓴 《난중일기》에도 이 기법을 사용한 유명한 문장이 있다.

"죽고자 하는 자는 살 것이요, 살고자 하는 자는 죽을 것이다."

문자를 '찍어' 내기까지

말은 소리에 생생한 감정을 담아 직접 전달할 수 있다는 장점이 있지만, 소리가 나오는 순간에만 존재하고 사라져 버린다는 것이 단점이다. 지금 여기에 함께 있는 사람에게만 메시지를 전달할 수 있다는 뜻이다. 그러한 말의 한계를 극복하기 위해 문자가 발명되었다.

문자가 발명된 정확한 시기는 확실히 알 수 없다. 메소포타미아 문명, 이집트 문명 등 고대 문명에서 기원전 3,000년 즈음 문자가 발명되었을 것으로 추정된다. 점토나 돌 위에 새겨진 문자는 수천 년의 시간이 흘러도 사라지지 않고 메시지를 기록하여 전달한다.

종이와 인쇄술의 등장

문자를 쉽게 쓰고, 보관하고, 운반하기 위해 처음에는 가볍고 얇은 양피지양의 가죽, 파피루스파피루스 풀, 죽편대나무과 같은 도구가 이용되었다. 그러다 2세기 중국 후한 시대에 채륜이 발명한 것으로 알려진 '종이'가 등장했다. 이때부터 문자가 중요한 커뮤니케이션 미디어로 널리 사용되기 시작했다.

종이는 가벼울 뿐 아니라 얇아서 여러 장을 묶어 책의 형태로 만들기 쉬웠고, 보관이나 운반도 편했다. 중국의 종이 만드는 기술은 8세기 중엽에 아랍 지역으로 전파되고 12세기에는 아랍에서 유럽으로 전해지면서 사회 발전에 기여했다.

종이는 또한 인쇄술의 발명을 이끌었다. 인쇄술 역시 종이를 발명한 후 독점적으로 사용한 중국에서 발명되었다. 최초의 인쇄술은 나무에 문자나 그림을 새긴 후에, 종이에 찍어 내는 목판 인쇄술이었다. 현재 남아 있는 것들 중 세계에서 가장 오래된 목판 인쇄 서적은 706년에서 751년경에 제작된 한국의 《무구정광대다라니경》이지만, 그 전부터 목판 인쇄술은 널리 사용되었을 것으로 추정된다.

목판 인쇄술을 이용하면서부터 같은 책을 여러 권 인쇄하는 것이 가능해졌다. 하지만 목판 인쇄술은 목판을 만들기가 어렵고 시간이 오래 걸린다는 문제가 있었다. 게다가 재질이 나무라서 인쇄를 여러 번 반복하면 목판 자체가 훼손되어 많은 양을 인쇄하기 힘들었다.

금속을 녹여 글자를 만들다

목판 인쇄술의 문제를 해결하면서 등장한 것이 금속 활판 인쇄술이다. 이는 금속으로 한 글자씩 만든 활자를 조합해 글자판을 짜서 인쇄하는 방식이기 때문에, 한 면에 통째로 글자를 새겨야 하는 목판 인쇄술에 비해 더 간편했을 뿐 아니라 활자의 변형이나 훼손도 적다는 장점이 있었다. 그 결과, 책을 비롯한 다양한 인쇄물을 빠르고 쉽게 대량으로 제작할 수 있게 되어 인쇄 미디어가 크게 발전했다.

금속 활판 인쇄술도 한국을 비롯한 아시아 국가에서 가장 먼저 사용했다. 금속활자를 이용해 제작된 책 중에서 현재까지 남아 있는 것 가운데 가장 오래된 책은 1377년 한국에서 출판된 《직지심체요절》이다. 하지만 당시 우리가 주로 사용하던 한자는 수만 개의 글자로 이루어진 표의문자였기 때문에, 모든 문자를 하나하나 금속활자로 만들어 사용하기가 쉽지 않았다. 게다가 판을 만들고 인쇄하는 기술도 정교하지 않아 대량의 책을 빠른 속도로 인쇄하기 어려웠다.

또한, 당시에는 적은 수의 지배층만이 한자를 읽고 썼기 때문에 책을 필요로 하는 사람들도 그리 많지 않아서 굳이 대량으로 인쇄할 일이 없었다.

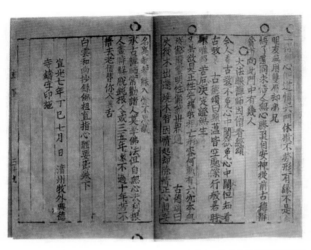

현재까지 남아 있는 금속활자 책 중에서 가장 오래된《직지심체요절》

유럽에서 날개를 편 금속활자

유럽에서는 상황이 달랐다. 13세기 이후 유럽에서는 중세 시대가
서서히 끝나 가면서 경제가 발달하기 시작했다. 상공업이 발달하
면서 도시에 사람들이 모여들자 도시 규모가 커지고 수도 증가
했다. 도시마다 교육을 위한 대학은 물론, 각종 학교와 도서관들
이 세워졌고, 이렇게 교육이 확대되자 글을 읽을 줄 아는 사람들
이 많아졌다. 책을 읽을 수 있고 읽고자 하는 사람의 수가 늘어나
면서 책을 대량으로 인쇄할 필요가 생겼다.

1448년 독일의 요하네스 구텐베르크가 금속활자를 이용한 인
쇄술을 발명한 것은 이런 사회적 수요가 있었기 때문이다. 더구나

유럽에서는 표음문자인 알파벳을 주로 사용했기 때문에, 미리 많은 금속활자를 제작한 후에 배열만 달리해 인쇄용 판을 완성하기가 쉬웠다.

구텐베르크는 준비된 알파벳 활자들을 배열해 활판을 완성하고, 인쇄용 프레스 장치를 사용해 지용성기름에 녹는 잉크로 인쇄하는 기술을 발명했다. 이 인쇄술은 성경과 같은 방대한 분량의 책도 짧은 시간에 대량으로 인쇄할 수 있는 길을 열면서 당시 유럽 사회에 큰 변화의 물결을 일으켰다.

책을 대량으로 인쇄하는 공장이 만들어지자, 책의 종류가 늘고 가격도 저렴해졌다. 글을 읽을 수 있다면 누구나 책을 구해 읽을 수 있게 되었다. 신문이나 잡지도 대량으로 제작되어 유통되는 인쇄 미디어로 자리를 잡았다. 결국, 금속 활판 인쇄술에 힘입어 학문이 발전했고 정보와 지식이 폭넓게 공유될 수 있었다. 당시 유럽에서 일어난 계몽사상의 등장, 종교개혁, 산업혁명과 같은 사건들도 인쇄술의 발명과 발달 덕분에 가능했다고 할 수 있다.

인쇄 미디어의 꽃, 신문의 탄생

1650년 영국의 유명한 대학이 자리한 도시 옥스퍼드에 영국 최초의 커피하우스가 들어섰다. 이후 커피하우스는 런던을 비롯한 다른 도시로 퍼져 나가 17세기 말에는 영국 전역에 3,000개가 넘는 가게가 들어설 정도로 번창했다. 18세기까지 커피하우스는 영국뿐 아니라 유럽 여러 나라에서 인기 있는 업종이 되었다.

17~18세기 유럽에서 유행했던 커피하우스는 현재 우리가 이용하는 카페와는 조금 달랐다. 단순히 커피 같은 음료수를 마시며 대화하는 장소가 아니라 신문이나 잡지, 책 등을 읽고 정치적·사회적 문제를 토론하고, 학술적 강의를 듣기도 하고, 카드나 체스 게임을 즐기기도 하는 곳이었다. 옥스퍼드의 커피하우스는 1페니의 입장료를 내고 교수와 학생이 몰려와 강의와 토론을 하며

시간을 보냈기 때문에, '페니 대학교'라고 불릴 정도였다.

커피하우스의 주인공, 신문

커피하우스에서 가장 중요하게 이용된 미디어는 바로 인쇄된 신문이었다. 커피하우스에는 여러 신문이 비치되어 있어서 누구나 무료로 읽을 수 있었다. 대량으로 인쇄되는 신문의 등장으로, 유럽 각국에서는 커피하우스에 모인 사람들이 신문을 읽고 정치, 사회, 경제의 여러 문제를 토론하는 문화가 만들어졌다. 신문 덕분에 대중이 공적인 문제에 대해 의견을 주고받는 토의 민주주의가 발달할 수 있었던 셈이다. 동시에, 커피하우스의 수가 늘어나면서 신문도 더욱 확산되었다.

17세기 유럽의 신문은 오늘날과 같은 일간지가 아니라 며칠에 한 번 발행되는 비정기 간행물이었다. 매일 발행되는 일간지는 18세기 초에 등장했다.

17세기에서 19세기까지 유럽은 정치적·사회적 격변기를 겪었다. 국가 간 전쟁이 자주 일어났고 국왕의 권력이 약해지면서 의회 민주주의를 요구하는 움직임이 강해지고 있었다. 또한 종교개혁의 영향으로 구교와 신교 사이의

구교와 신교

16세기 종교개혁의 결과로 갈라진 기독교의 두 분파를 말한다. 그리스 정교회와 로마 가톨릭교회를 구교라 하고, 개혁 후 거기서 떨어져 나와 성립된 분파를 신교 또는 프로테스탄트라고 한다.

갈등도 심각했다. 19세기에 들어서는 자본주의의 발달로 인해 빈부 격차와 계급 갈등이 심각해지면서 사회주의 사상이 등장하고 혁명을 부르짖는 사람들도 늘어났다.

이렇게 다양한 사회적 갈등과 급변하는 정치적 상황 속에서 각각의 사회 집단과 계급은 자신의 이익을 지키고 유리한 환경을 만들기 위해 대중의 여론을 좋게 바꿀 필요가 있었다. 대중에게 정치적·종교적·사회적 이념을 선전하고 그들을 선동하기 위해 신문이 적극적으로 이용되었다.

언론은 어디까지 자유로울까

당시의 신문은 오늘날의 신문과는 달리, 여러 분야의 다양한 소식과 정보를 제공하기보다는 정치적으로 치우친 주장을 강하게 내세우는 경우가 많았다. 정부는 출판과 언론을 검열하는 법을 만들어, 정부와 체제에 반대하는 사상이나 이념을 전파하는 신문을 단속하려 했다. 이 과정에서 언론 자유와 관련한 다양한 사상들이 등장했다.

1644년 영국의 작가 존 밀턴은 《아레오파기티카Areopagitica》라는 책에서 '진실은 반드시 거짓을 이긴다'며 언론의 자유를 보장해야 한다고 주장했다. 인간의 이성은 진실과 거짓을 판단할 수 있는 능력이기 때문에, 언론에 자유가 주어지더라도 결국에는 진실을 말하는 자가 승리한다는 것이다.

하지만 동시에 밀턴은 언론 자유란 아무것이나 말할 수 있는 자유가 아니라고도 했다. 이미 진실이 아니라고 판정된 것, 즉 거짓을 말할 수 있도록 해서는 안 된다는 것이다. 예를 들어, 밀턴은 신교를 지지하고 있었기 때문에 구교의 교리를 거짓이라 판단하고 구교에는 표현의 자유가 주어질 수 없다고 주장했다. 이처럼 당시 언론의 자유란 제한 없이 모두에게 주어지는 보편적 자유라기보다는 정치적 상황에 따라 변하는 자유였다.

1789년 프랑스 대혁명 때 발표된 〈인권 선언〉에는 언론 자유와 관련한 내용이 들어 있다. 〈인권 선언〉 10조는 "어떤 발언이 법에 의해 확립된 공공질서를 어지럽히지 않는다면, 누구도 종교적 입장을 포함하여 자신의 견해를 밝히는 행위를 방해받아서는 안 된다"라고 명시했다. 이어서 11조는 "사상과 의견의 자유로운 소통이 인간의 가장 소중한 권리 중 하나이다"라고 명시했다. 이렇듯 〈인권 선언〉에 따르면, 모든 시민은 자유롭게 말하고 글 쓰고 출판할 수 있는 권리를 보장받는다. 하지만 그와 동시에 〈인권 선언〉은 언론 자유가 법으로 제한될 수 있다는 점도 드러냈다.

뉴스와 뉴스 아닌 것

뉴스[news]는 '새롭다'는 뜻을 가진 영어 단어 'new'의 복수형이다. 뉴스를 가리키는 프랑스어 누벨[nouvelles]이나 독일어 노이에스[Neues]도 모두 '새롭다'는 의미를 가진 복수형 단어이다. 결국, 뉴스는 글자 그대로 번역하면 '새로운 것들'이라는 말이다. 무엇이 새롭다는 것일까?

뉴스가 새롭다는 것은 크게 두 가지 의미로 이해할 수 있다. 하나는 새롭게 발생한 사건이라는 의미이고, 다른 하나는 이전 정보와는 다른 새로운 정보라는 의미이다. 최근에 발생한 사건일수록, 그리고 최신 정보일수록 뉴스가 된다고 할 수 있다. 아직 알려지지 않았거나 아직 공개되지 않은 정보가 뉴스인 셈이다. 다시 말해, 지금 발생한 사건이나 현재 공개된 사건에 대한 정보가 뉴스이다.

대중신문의 놀라운 성장

뉴스의 핵심 가치는 새로움이기 때문에, 뉴스 안에는 필연적으로 불확실한 내용이나 부정확한 정보가 들어 있을 수밖에 없다. 부정확하지만 새로운 정보는 뉴스로 인정받는다. 그러나 정확하지만 오래된 정보는 뉴스가 아니다. 사람들은 이미 알고 있는 것보다는 알지 못하던 새로운 것을 접할 때 더 흥미를 느낀다. 매일 새로운 사건이나 정보를 뉴스라는 이름으로 소개하는 신문은 곧 대중의 인기를 끄는 미디어가 되었다.

19세기 중반이 되자 유럽과 미국에서는 군주제가 무너지고 민주주의 정치 체제가 자리를 잡았다. 또, 자본주의의 발달로 산업화와 도시화가 진행되면서 도시의 인구가 빠르게 늘고 대중이라고 부를 수 있는 인구 집합체가 형성되기 시작했다.

대중은 대량생산과 대량소비의 주체가 되는 존재로, 소수의 엘리트 계층에 대비되는 불특정 다수를 의미했다. 대중이 글을 읽을 줄 알고 소비할 수 있는 경제력을 가지게 되자, 이들에게 사회의 다양한 사건에 대한 정보를 빠르게 전해 주는 신문이 등장했다. 바로 대중매체, 즉 영어로 '매스미디어mass media'인 대중신문이 나타난 것이다.

누구나 읽고 싶어 하는 흥미로운 뉴스와 다양한 제품의 광고를 담아 아주 저렴한 가격에 판매하는 대중신문은 불티나게 팔렸다. 곧 신문은 거대한 미디어 산업으로 성장했다.

예를 들어, 1863년 7월에 프랑스에서 창간된 대중신문 〈프티 주르날Le Petit Journal〉은 처음에는 하루에 3만 8,000부를 발행했지만 불과 1년 반 후인 1865년 말에는 발행 부수가 25만 9,000부에 달했으며 1891년에는 100만 부를 발행하게 되었다.

'황색 소년'은 내 거야!

대중신문이 많은 돈을 벌 수 있는 산업이 되면서 뉴스는 점점 더 대중의 흥미를 자극하는 내용 위주로 구성되기 시작했다. 유명인의 은밀한 사생활을 뒷조사하고 파헤쳐 보도하거나 살인, 폭력, 사기 등의 범죄를 적나라하게 묘사하는 선정적인 사건 기사, 시각적 자극을 주는 삽화와 만화 등이 신문의 지면을 채웠다.

1869년 프랑스에서 트로프만이란 사람이 일가족 8명을 살해하는 사건이 발생했다. 〈프티 주르날〉은 수개월 동안 이 사건의 수사와 재판을 크게 보도하면서 살해 장면을 세세히 묘사한 기사와 삽화를 계속 내보냈다. 심지어는 독자들에게 살해 현장과 재판을 구경하는 여행 상품을 만들어 판매하기까지 했다. 이 사건을 보도하면서 이 신문의 발행 부수는 두 배나 증가해 46만 7,000부를 기록했다.

1895년에 미국 뉴욕의 주요한 대중신문이었던 〈뉴욕 저널〉과

1899년에 500만 명의 독자를 확보했다고 광고
한 〈프티 주르날〉

〈뉴욕 월드〉는 더 많은 독자를 끌어오기 위해 치열한 선정성 경쟁을 벌이고 있었다. 당시 〈뉴욕 월드〉는 노란 옷을 입은 '황색 소년The yellow kid'을 주인공으로 하는 만화를 연재했는데, 만화의 인기가 증가하자 〈뉴욕 저널〉이 더 많은 돈을 주고 '황색 소년'의 만화가를 빼내 왔다. 만화가를 뺏긴 〈뉴욕 월드〉는 다른 만화가를 고용해 '황색 소년' 만화를 계속 연재했다. 두 신문이 다른 만화가를 고용해 같은 '황색 소년' 만화를 연재하는 황당한 일을 벌인 것이다.

이 사건을 계기로 상업적으로 더 많은 돈을 벌기 위해 선정적이고 자극적인 뉴스를 내보내는 언론을 '황색 언론yellow journalism'이라고 부르게 되었다.

선택되는 사건, 버려지는 사건

대중의 관심을 끄는 자극적인 사건을 선택해 보도한 황색 언론처럼, 일반적으로 언론은 뉴스로 보도할 사건을 골라내고 버릴 것은 버린다. 세상에는 매일 새로운 사건이 발생하고 새로운 정보가 등장하지만, 신문은 이 모든 것을 뉴스로 만들어 보도할 수 없기 때문이다. 수많은 사건과 정보 중에서 신문 편집자가 보기에 뉴스가 될 가치가 있는 사건과 정보만이 기사로 실릴 수 있다.

이렇게 사건을 뉴스로 보도할 것인지를 판단하는 기준을 뉴스 가치라고 한다. 언론에서 사건의 뉴스 가치를 판단하는 기준은 일반적으로 다음과 같다.

첫째, 시의성이다. 앞서 말했듯, 뉴스의 원래 의미는 '새로운 것'이다. 새로운 것일수록 뉴스 가치가 크다고 할 수 있다. 어제보다는 오늘 일어난 사건이 뉴스 가치가 더 크다. 빠른 뉴스를 의미하는 '속보', 중요한 사건이 발생했을 때 빨리 보도하기 위해 임시로 발행하는 신문을 의미하는 '호외' 등은 시의성이 가장 중요한 뉴스 가치 중 하나라는 것을 알려 준다.

둘째, 근접성이다. 사건이 독자와 가까울수록 뉴스 가치가 크다. 근접성은 공간적 근접성과 심리적 근접성으로 나뉜다. 독자가 사는 지역과 사건이 일어난 지역 사이의 공간적 거리가 가까울수록 뉴스 가치가 크다. 예를 들면, 한국 신문이 보기에는 한국에서 일어난 기차 탈선 사고가 과테말라에서 일어난 기차 탈선 사고보다 뉴스 가치가 더 크다.

또한, 독자가 심리적으로 느끼는 거리감이 가까운 사건일수록 뉴스 가치가 크다. 과테말라에서 일어난 기차 탈선 사고라도 희생자 중에 한국인이 여럿 있다면 한국 신문의 입장에서 그 사건은 뉴스 가치가 크다.

셋째, 저명성이다. 유명한 사람이나 사물이 얽힌 사건일수록 뉴스 가치가 크다. 평범한 사람의 결혼보다는 유명인의 결혼이 뉴스 가치가 더 큰 사건이다. 남대문이 불타는 사건이 우리 집 대문의 화재보다 뉴스 가치가 더 크다.

넷째, 영향성이다. 사람들의 생활에 큰 영향을 끼치는 사건일수록 뉴스 가치가 크다. 정부의 정책 발표나 법률의 제정, 파업이나 전쟁의 발발 등은 사람들의 생활에 큰 영향을 미치기 때문에 뉴스 가치가 크다.

다섯째, 인간적 흥미다. 인간적 흥미를 유발하는 사건일수록 뉴스 가치가 크다. 일상에서 경험하기 어려운 신기하고 진기한 사건은 사람들의 관심을 끌기 때문에 뉴스 가치가 크다. 흔히 하는 말로, 개가 사람을 물면 뉴스가 아니지만, 사람이 개를 물면 뉴스가 된다.

가짜 뉴스의 흑역사

선정적인 뉴스는 언제나 대중의 인기를 끌었다. 19세기에 대중 신문이 황색 언론이 된 것도 대중이 선정적이고 자극적인 내용의 기사를 좋아했기 때문이다. 살인이나 폭력 사건과 관련된 특종 기사나 사생활을 폭로하는 뉴스는 신문의 발행 부수를 늘리는 데 도움이 되었다. 대중의 관심을 자극해 돈을 벌기 위해 기를 쓰는 신문사는 심지어 가짜 뉴스를 만들기도 했다.

'달 생명체'부터 '몽스의 천사들'까지

미국 뉴욕에서 발행되던 신문 〈더 선The Sun〉은 1835년 달에 생명체가 살고 있고 문명의 흔적이 발견되었다는 충격적인 뉴스를 시리즈로 연재했다. 뉴스에서는 당시 유명한 천문학자였던 존 허셜

〈더 선〉에 실린 달 풍경 석판화 〈루비 원형극장〉

이 위대한 발견을 했다고 주장하면서, 달에 사는 특이한 모양의 생명체들을 그린 그림도 함께 공개했다. 물론 모두 거짓이었다.

이 터무니없는 가짜 뉴스가 인쇄된 〈더 선〉은 불티나게 팔렸고 이후 발행 부수가 크게 늘어 큰 신문사로 발전했다. 프랑스의 신문에서 이 가짜 뉴스를 번역해 싣기도 할 정도로 국제적인 파문을 일으킨 이 사건은 '거대한 달 사기Great Moon Hoax'로 불리며 가짜 뉴스 역사상 가장 유명한 사건으로 기록되었다.

가짜 뉴스는 정치적 목적으로 만들어지기도 한다. 혁명이나 전쟁과 같이 서로에게 적대적인 양쪽이 극단적으로 맞서는 상황에서 상대를 비난하고 자신에게 유리한 환경을 만들기 위해서다. 대중신문이 발전한 19세기 말에서 20세기 중반까지는 세계적으로 크고 작은 분쟁들이 끊이지 않던 정치적·사회적 격동기였기 때문에 그만큼 가짜 뉴스도 많이 만들어졌다.

1898년 쿠바의 아바나항에 정박 중이던 미국 군함이 폭발로 침몰하는 사건이 발생했다. 〈뉴욕 저널〉과 〈뉴욕 월드〉는 이 사건을 대서특필하면서 폭발의 원인이 밝혀지지 않았음에도 마치 스페인의 공격으로 미국 군함이 침몰한 것처럼 보도했다. 이런 뉴스들은 결국 미국과 스페인 사이에 전쟁이 일어나는 데 한몫했다.

제1차 세계대전과 제2차 세계대전 등 큰 전쟁 중에도 적을 공격하고 아군을 옹호하기 위한 많은 가짜 뉴스들이 만들어졌다. 제1차 세계대전 중이던 1914년 영국 신문들은 벨기에의 몽스에서 벌어진 전투에서 천사들이 나타나 독일군을 물리치고 영국군을 도왔다는 뉴스를 보도했다. '몽스의 천사들'이라고 불린 유령부대 이야기는 아군의 사기를 올리기 위한 목적으로 사용되었다.

이와 함께 영국 신문들은 벨기에를 침략한 독일군들이 벨기에 여성들을 겁탈하고 약탈을 일삼는다는 뉴스를 대대적으로 보도했다. 이 뉴스들은 적군의 악행을 과장하거나 조작함으로써 적에 맞서 싸우려는 의지를 북돋기 위해 만들어진 것이었다.

가짜 뉴스, 왜 만들까?

20세기 이후 텔레비전, 인터넷 등 새로운 미디어가 등장함에 따라 가짜 뉴스의 형식과 내용도 다양해졌다. 특히 현실을 있는 그대로 보여 주는 것처럼 느껴지는 카메라 촬영 영상을 조작해 좀더 그럴듯한 가짜 뉴스들이 만들어지고 있다. 그중에서도 '딥페이크deepfake'는 거짓임을 쉽게 알아차리기 어려울 정도이다.

> **딥페이크**
>
> 딥 러닝deep learning과 가짜fake를 합친 말로, 인공 지능의 딥 러닝 기술을 이용한 인간 이미지 합성 기술을 가리킨다.

또한, 인터넷 공간은 정보를 올리는 사람이 누군지 명확히 드러나지 않기에 더더욱 가짜 뉴스가 많이 만들어지고 퍼지는 온상이 되었다. 이름 있는 언론사의 로고나 도메인을 모방해 인터넷 사이트를 만들거나 실제 뉴스와 거의 같은 형식으로 가짜 뉴스를 제작해 대중을 속이는 일도 자주 일어난다.

이렇듯 계속해서 가짜 뉴스가 만들어지는 이유는 무엇일까? 개인적인 차원에서는 단순히 사람들의 관심을 끌기 위해, 호기심으로 가짜 뉴스를 만드는 경우가 있을 수 있다. 그러나 대부분의 가짜 뉴스는 경제적인 이유로 만들어진다. 판매량, 시청률, 조회 수 등을 올리거나 특정 상품과 서비스를 광고해 돈을 벌기 위해서다. 또, 특정 정치인이나 집단의 이미지를 망가뜨리고 증오심을 일으키기 위해 가짜 뉴스를 만드는 경우도 많다.

가짜 뉴스는 현실에 대한 잘못된 정보를 제공해 사람들의 판단을 흐리게 하고 사람들 사이에 갈등을 조장하는 등 많은 사회 문제를 일으킨다. 가짜 뉴스는 종종 진짜 뉴스와 구별하기 어려울 만큼 교묘하다. 이에 속지 않기 위해서는 미디어가 제공하는 정보를 주의 깊게 검토할 필요가 있다. 기사의 출처를 확인하고, 기사에 사용된 정보의 정확성을 확인하는 습관을 갖는 것이 중요하다.

기자는 근대 이후 등장한 미디어 관련 직업 중에서 가장 오래되고 유명한 직업 중 하나이다. 소설, 영화, 드라마 등 다양한 장르의 콘텐츠에서 기자는 주인공이나 관찰자 등으로 등장해 이야기를 이끌어 가는 핵심적 역할을 해 왔다. 사건이 터지면 기자가 등장한다. 기자는 현장을 관찰하고 정보를 수집하며 사람들을 인터뷰하면서 궁금한 사건의 단서를 따라간다. 사람들은 기자가 슈퍼맨처럼 등장해 사건을 해결해 주길 기다리는 것처럼 보인다. 영화 〈슈퍼맨〉의 주인공 직업도 기자이다.

기자는 사회에서 일어나는 다양한 사건에 대한 정보를 취재해 글, 말, 영상 등의 형태로 처리해서 신문, 잡지, 방송 미디어를 통해 전파하는 사람을 뜻한다. 기자의 활동, 행위, 작업 과정 등을 종합해서 언론 또는 저널리즘이라고 한다. 이에 따라 기자를 언론인이나 저널리스트라고 부르기도 한다.

기자가 하는 업무는 매우 다양하다. 모두 기자로 불리기는 하지만 업무의 내용과 성격에 따라 다양한 종류의 기자가 존재한다.

우리가 아는 일반적인 기자의 일은 사건을 취재해 기사를 작성하는 것이다. 이런 일을 하는 사람을 취재 기자라고 한다. 취재 기자는 자신이 담당하는 지역이나 기관에 매일 출입하면서 정보를 수집하고 기사로 처리한다. 취재 기자가 정보의 주요한 수집처로 삼아 항상 드나드는 기관이나 구역을 '출입처'라고 한다. 예를 들어, 대통령실이나 국회를 출입처로 가진 기자가 있을 수 있고 검찰청이나 경찰서를 출입처로 담당하는 기자가 있을 수 있다. 기자가 하나의 출입처만을 담당하다 보면 출입처의 보도자료에 의존하는 경향이 생긴다. 따라서 같은 출입처 기자들이 쓴 기사들은 대부분 비슷하고 특색이 없어지는 문제가 생길 수 있다.

법률, 의학, 과학, 예술 등 전문 지식이 필요한 분야를 담당하는 기자는 전문 기자라고 한다. 이들은 해당 분야에 대한 지식과 학위 등을 갖고서 오랜 기간 취재하고 보도하기 때문에 좀 더 심층적이고 정확한 정보를 제공할 수 있다.

취재 기자가 작성한 원고를 정리하고 수정해서 보도할 기사를 선택하는 일을 하는 사람을 편집 기자라고 한다. 편집 기자는 기사의 분량을 조정하고 제목을 붙이고 기사의 중요도를 정한다. 취재 기자의 원고를 실제로 대중이 볼 수 있는 형태로 꾸미는 작업을 하는 것이다. 사람들은 기사의 위치나 순서, 제목을 보고 기사를 골라 읽는 경향이 있기 때문에, 편집 기자는 기사의 핵심 내용을 드러내는 동시에 관심과 호기심을 유발해서 대중이 기사를 선택하게 만드는 역할을 한다.

기사는 글이나 말로만 구성되는 것이 아니라 사진과 영상으로도 구성된다. 사진기자와 카메라 기자는 사건을 사진과 영상으로 촬영해 보도하는 역할을 한다. 사진기자가 사건을 취재해서 신문, 잡지 등의 미디어를 통해 전달하는 사진을 보도사진이라고 한다. 사건의 핵심적인 의미를 한 컷에 담아 전달하는 보도사진은 사람들에게 큰 정서적 충격을 주면서 사건의 흐름에 영향을 주기도 한다. 한 장의 사진이 세상을 바꿀 수 있는 것이다.

1970년대 초에 어깨에 메고 다닐 수 있는 ENG^{Electronic News Gathering} 카메라가 등장하면서 텔레비전 뉴스에서도 영상을 적극적으로 활용하기 시작했다. ENG 카메라로 촬영된 영상은 현장의 상황을 생생하게 전달함으로써 텔레비전 뉴스가 대중적으로 인기를 얻는 데 기여했다.

기자가 정확한 뉴스를 제작하고 사건을 성공적으로 보도하기 위해서는 여러 역량을 갖추고 있어야 한다. 기자는 우선 호기심과 탐구심을 가져야 한다. 새로운 사건이나 주제에 대한 강한 호기심을 갖고서 계속 정보를 찾아내고 뒷이야기를 추적하고자 노력해야 한다. 또한 사건의 근본적인 원인과 배경을 파악하려는 탐구심도 필요하다. 겉으로 드러나는 정보 뒤에 숨겨진 진실을 찾아내는 능력이 중요하다.

좋은 글쓰기와 조리 있는 말하기도 기자가 갖춰야 할 능력이다. 기자는 정확하고 간결하며 흥미로운 글을 쓸 수 있는 능력이 필요하다. 아무리 복잡한 정보라도 글을 읽을 줄 아는 사람이라면 누구나 이해할 수 있을 정도로 쉽게 전달할 수 있는 글쓰기 기술이 중요하다. 또한 상대방을 편안하게 만들어 중요한 정보를 얻어낼 수 있는 인터뷰 기술도 필요하다.

정보 수집 및 분석 능력도 중요한 역량이다. 인터뷰, 문서, 인터넷 등 다양한 출처에서 정보를 수집하는 능력이 필요하며 수집한 정보를 분석하고 정리하여 패턴을 파악하고 의미를 이해할 수 있어야 한다.

빠른 판단력과 대처 능력도 필요하다. 사고, 시위, 전쟁 등 급박한 상황에서도 빠르게 판단하고 침착하게 대처할 수 있는 능력을 갖추고 있어야 한다. 그래야 어떤 상황에서든 신속한 결정을 통해 정보를 놓치지 않을 수 있다.

기자는 사회의 다양한 분야에서 일어나는 사건을 취재하기 때문에, 정치·경제·사회·문화 등 여러 가지 분야에 대한 지식을 가지고 있어야 한다. 또한 뉴스 제작과 관련한 기본적인 기술에 대한 지식이 필요하다. 특히 카메라, 컴퓨터, 편집 프로그램 등을 이용하고 활용할 수 있는 능력을 갖춰야 한다.

마지막으로 기자는 사회를 감시하고 여론을 형성하는 데 매우 중요한 역할을 한다는 점에서 윤리적 책임 의식을 갖추어야 한다. 한국기자협회가 제정한 윤리 강령에서는 공정한 보도, 정당한 정보 수집과 사용, 사생활과 취재원 보호, 갈등과 차별 조장 금지 등을 제시하고 있다.

기자는 정치, 경제, 사회 등 여러 분야의 환경을 주의 깊게 살피고 대중의 목소리와 의견을 대변하면서 건강하고 민주적인 사회가 유지되도록 하는 중요한 역할을 담당한다. 정보의 탐험가, 사회의 감시자, 사건의 해결사, 시민의 대변자로서 활약하는 기자는 현대사회를 이루는 매력적인 직업이다.

진로 찾기 **카피라이터**

'카피'란 전달하려는 메시지의 주요 제목과 글귀 부분을 의미하며, 흔히 광고 콘텐츠를 구성하는 모든 요소를 말한다.

광고 카피는 상품, 서비스 또는 브랜드에 대한 정보를 담은 내용을 가리킨다. 카피는 광고의 주요 내용을 전달하고 소비자들의 관심을 끌어내며, 광고 캠페인의 목표를 달성하기 위해 사용된다.

"침대는 가구가 아닙니다, 침대는 과학입니다"라는 카피는 광고주인 침대 회사를 업계 1위로 만들어 주었다. 인체공학적인 설계를 가능하게 한 기술력을 간결한 문장으로 표현함으로써 침대 회사의 인지도와 신뢰도를 높이는 데 기여한 이 카피는 가장 성공한 카피 중 하나로 꼽힌다.

광고 카피를 만드는 작업을 카피라이팅이라고 하고 카피를 작성하는 사람을 카피라이터라고 한다. 카피라이팅의 목적은 상품이나 서비스의 가치를 강조하고, 소비자의 관심을 끌어내며, 그 결과로 판매나 원하는 행동을 유도하는 것이다. 카피라이팅은 단순히 정보를 전달하는 것을 넘어서, 이야기를 통해 제품이나 브랜드의 가치를 소비자들에게 강조하며 감정적인 연결 고리를 만드는 행위이다.

카피라이터는 단순히 아름답거나 멋진 글을 쓰는 사람이 아니다. 카피라이팅의 목적은 아름다운 글을 창작하는 데 있는 것이 아니라 상품, 서비스, 아이디어의 특성이나 장점을 효과적으로 전달하는 글을 창작하는 데 있기 때문이다.

카피라이터의 주된 역할은 광고 대상을 효과적으로 소개하는 말과 글을 작성하여 소비자의 관심을 끌어내는 것이다. 카피라이터는 광고 캠페인뿐 아니라, 제품 설명서, 웹사이트 콘텐츠, SNS 게시물 등을 위한 다양한 형식의 텍스트를 작성하여 브랜드나 상품의 가치를 표현한다. 카피라이터는 소비자에게 좋은 인상을 남기고, 상품 구매나 서비스 이용으로 이어질 수 있는 카피를 창작하고자 노력한다.

카피라이터는 다양한 기술과 전략을 사용하여 효과적인 메시지를 전달한다. 감동적인 이야기, 유머, 감정적인 호소, 혹은 논리적인 주장 등을 활용하여 대중의 호감, 자극, 동의 등의 반응을 유도하고 원하는 행동을 유발하려고 한다. 이를 위해서 카피라이터는 상품이나 서비스를 이용할 소비자의 특성을 고려하고, 그들의 관심사와 욕구를 파악하여 맞춤형 카피를 작성한다. 또한 간결하면서도 강한 정서적 충격을 주는 효과적인 글쓰기 기술을 사용하며 창의적이고 독특한 카피를 만든다.

카피의 종류도 다양하다. 큰 제목에 해당하는 헤드 카피가 있고, 헤드 카피 아래, 옆, 위 등에서 조금 더 작은 글씨로 헤드 카피의 내용을 덧붙여 설명하고 보완하는 서브 카피가 있다. 또한 상품이나 서비스의 장점을 설명하는 비교적 긴 내용의 바디 카피가 있다. 카피라이터는 각각의 카피가 가진 특성에 맞는 방식으로 글을 작성해야 한다. 나이키의 "Just do it"처럼 상품이나 서비스의 가치와 비전을 압축적으로 보여 주는 짧은 문구도 흔히 사용되는 카피 종류이다.

미디어가 다양해지고 광고와 마케팅 전략이 발전하면서 카피라이터가 활동하는 분야도 많아지고 있다. 라디오와 텔레비전을 이용한 전통적인 광고 캠페인 외에도 블로그, SNS, 1인 미디어 등의 뉴미디어를 이용한 온라인 광고가 증가하고 있다. 게다가 기업과 같은 전통적인 광고주 외에 일반인들도 1인 미디어 등을 통해 자신이 만든 콘텐츠를 홍보하게 되면서 카피라이터는 다양한 미디어와 콘텐츠에서 필요로 하는 직업이 되고 있다. 유튜브 동영상의 대표 이미지에 들어갈 카피나 인스타그램 게시물에 사용할 카피를 작성하는 것도 전문적인 카피라이터의 일이 될 수 있다.

이처럼 카피라이터는 다양한 산업과 분야에 필요한 직업이기 때문에 창의적인 영역에서 활동하고자 하는 사람들에게 매력적인 직업이다. 카피라이터는 말과 글로써 세상을 더 풍요롭고 멋진 곳으로 만드는 역할을 한다. 창의력과 커뮤니케이션 능력을 발휘해 다양한 상품과 아이디어를 홍보하고 사람들의 마음을 움직이는 글을 써 보고 싶은 사람이라면 카피라이터를 꿈꿔 보는 것은 어떨까?

2장

미디어를 듣다
소리 미디어

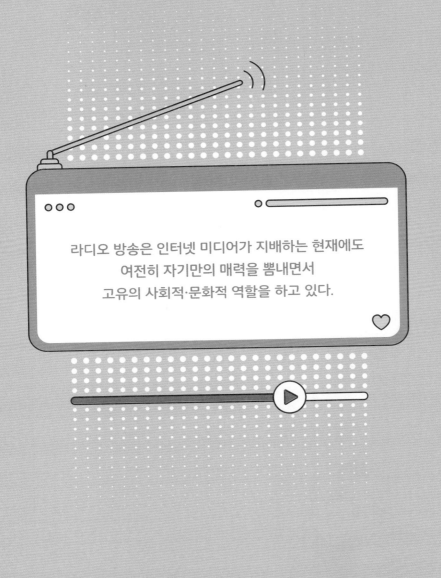

라디오 방송은 인터넷 미디어가 지배하는 현재에도
여전히 자기만의 매력을 뽐내면서
고유의 사회적·문화적 역할을 하고 있다.

소리를 기록하고, 저장하고, 재생하다

일상생활에서 가장 많이 사용하는 미디어인 말은 소리에 풍부한 감정을 담아 전달한다는 장점이 있지만, 소리 내는 순간 사라져 버린다는 한계가 있다. 문자가 발명된 것도 말이 가진 공간적·시간적 한계를 극복하기 위해서였다.

소리를 기록하고, 저장하고, 재생할 수 있는 미디어는 19세기 말에 처음 발명되었다. 이후 소리는 개인 간 커뮤니케이션의 범위를 넘어서 문자와 활자 못지않게 중요한 사회적 커뮤니케이션 미디어로 자리 잡았다.

LP에서 카세트테이프에서 CD로

소리를 기록하고 재생한 최초의 미디어는 축음기다. 1877년 토머스 에디슨이 발명한 최초의 축음기는 회전하는 원통 위에 홈을 파서 소리의 파동을 기록하는 방식이었다. 홈에 바늘을 대고 원통을 회전시키면 바늘이 홈을 따라 움직이며 진동하게 되는데, 이 진동을 증폭하면 소리가 재생되었다. 1887년에는 에밀 베를리너가 원통형 축음기를 개량해 원반형 축음기를 만들었다.

1928년에는 독일의 프리츠 플로이머가 자성 물질을 입힌 플라스틱 테이프를 이용해 소리를 기록하는 마그네틱테이프를 발명했다. 마그네틱테이프 덕에 소리를 기록하고 재생하는 일뿐 아니라 삭제하고 편집하는 일도 한결 쉬워졌다.

우리가 흔히 레코드판이라고 부르는 LP^{Long Playing Record}, 또는 비닐 레코드판이 음악을 재생하는 미디어로 이용되기 시작한 것은 1930년대에 들어서이다. 1940년대 말부터 LP는 큰 대중적 인기를 누리기 시작했고 이와 함께 대중음악 산업도 크게 발전했다. 공연에만 의존하던 음악가들이 음반을 통해 대중과 만날 수 있게 되면서 음악 시장이 크게 활성화되었다.

1963년에는 마그네틱테이프를 이용한 카세트테이프가 발명되어 개인도 손쉽게 녹음·재생·삭제·편집을 할 수 있는 길이 열렸다. 부피가 크고 녹음·삭제·편집이 자유롭지 않은 LP에 비해 사용이 훨씬 편리한 카세트테이프는 음악 산업뿐 아니라 다양한 분야에서 활용되었다.

특히 1979년에 일본의 소니에서 개발한 휴대용 카세트테이프

각각 자신이 발명한 축음기와 함께 있는 토머스 에디슨(왼쪽)과 에밀 베를리너(오른쪽)

플레이어 '워크맨' 덕분에 이동 중에도 개인적으로 좋아하는 음악을 감상하거나 강의를 듣는 것이 가능해졌다. '워크맨'에 카세트테이프를 넣고 이어폰을 통해 음악을 듣는 모습은 1980년대의 청년 세대가 음악을 즐긴 대표적인 방식이었다.

1982년에는 디지털 방식으로 소리를 기록하고 재생하는 장치인 CD^{Compact Disc}가 발명되었다. CD는 잡음이 없는 선명하고 깨끗한 소리를 재생했으며 내구성이 좋아 쉽게 망가지지 않았다. 특히 기록된 순서대로 소리를 재생해야 했던 기존의 미디어와는 달리 기록 순서와 관계없이 마음대로 소리를 재생할 수 있었다. 이런 장점 때문에 CD는 곧 LP와 카세트테이프를 대체하는 중요한 소리 미디어가 되었다.

소리 미디어와 음악이 만났을 때

1990년대 중반 이후에는 컴퓨터와 인터넷이 널리 쓰이면서 소리를 디지털 파일 형태로 기록·재생·편집할 수 있게 되었다. 1998년에 한국의 중소기업이 최초로 만든 MP3 플레이어는 소리를 기록하고 재생하는 디지털 미디어로 2000년대에 세계적으로 엄청난 인기를 누렸다. 2010년대 이후로는 스마트폰이 소리를 기록하고 재생하는 대표적인 미디어로 자리를 잡았다.

소리 미디어는 지금 여기에서만 들을 수 있었던 소리를 기록해 보존함으로써 시간과 공간에 얽매이지 않고 들을 수 있도록 만들었고, 그 결과 현대사회의 여러 분야에 큰 영향을 미쳤다.

특히 소리 미디어의 등장으로 가장 큰 혜택을 받은 분야는 음악이다. 공연을 통해서만 들을 수 있었던 음악이 소리 미디어 덕분에 언제 어디에서나 즐길 수 있는 것이 되었다. 과거에는 귀족과 같은 특권층만이 누릴 수 있었던 클래식 음악이나 궁정 음악뿐 아니라 세계 각 지역의 고유한 음악을 소리 미디어를 통해 손쉽게 접할 수 있게 되었다. 대중음악이 크게 성장한 것도 소리 미디어 덕분이라고 할 수 있다.

축음기가 없었다면 음악은 어떻게 됐을까

축음기는 음악을 녹음하고 재생하는 장치로서, 음악 산업에서 중요한 역할을 담당한다. 축음기가 발명되기 전까지 사람들은 오직 실시간으로 공연 중인 음악만을 들을 수 있었다. 축음기가 발명된 후, 사람들은 언제 어디에서든 자기가 원하는 음악을 들을 수 있게 되었다.

축음기 기술은 LP에서부터 카세트테이프와 CD를 거쳐 MP3에 이르기까지 끊임없이 변화하면서 음악을 비롯한 다양한 소리 콘텐츠 산업의 발전에 큰 영향을 미치고 있다.

음악 산업의 출발점

우선, 축음기는 음악을 녹음하고 편집하는 도구로 활용된다. 작곡가나 연주자, 가수 등의 음악 제작자들은 축음기를 사용해 자신의 아이디어와 작업을 기록하고 발전시킬 수 있다. 아날로그 미디어의 대표 주자인 LP에서 MP3와 같은 디지털 미디어로 진화하면서 더욱 정교하고 효율적인 녹음과 편집이 가능해졌다. 그 덕분에 음악 제작자들은 원하는 음악을 좀 더 쉽게 구현할 수 있게 되었다.

축음기는 제작된 음악을 대중에게 배포하는 과정에서도 중요한 역할을 한다. 다양한 기술과 미디어를 통해 녹음된 음악은 대량으로 복제되어 판매된다. LP, 카세트테이프, CD, MP3 음원 등은 녹음된 음악을 판매하는 대표적인 미디어들이다.

음악이 녹음된 미디어 상품을 구매한 소비자들은 각각의 상품에 적합한 재생 장치를 통해 음악을 감상할 수 있다. 축음기 기술이 발전하고 대중화되면서 사람들은 저렴한 가격에 손쉽게 음악을 소비할 수 있게 되었다.

그러면서 점차 음악 시장이 성장하고 발전했다. 음악 제작자들은 다양한 음악 콘텐츠를 제작해 판매했고 대중은 자기의 취향에 맞는 음악을 구매했다. 음악 제작 산업뿐 아니라 LP를 재생하는 전축, 카세트테이프 플레이어, CD 플레이어, MP3 플레이어 등, 음악 재생 기기의 제조 산업도 함께 발달했다.

음악 산업은 음악 제작자, 음반 회사, 음악 기획사, 음원 플랫폼 등 다양한 분야에서 수익을 창출하고 일자리를 제공하는 중요한 산업으로 자리매김했다.

LP가 열어젖힌 음악 '문화'

음악 시장에 가장 먼저 큰 영향을 미친 축음기 기술은 LP이다. 1980년대까지 음악 시장을 지배했던 LP는 개인의 음악 소비를 가능하게 한 첫 미디어였다. LP가 대중화되기 전에 사람들은 주로 공연을 직접 관람하거나 라디오 생방송을 청취하면서 음악을 소비했지만, LP가 보급되면서 좋아하는 음악이 녹음된 LP를 직접 구매하고 집에서 청취할 수 있게 되었다. 자기가 원하는 시간에 원하는 음악을 즐길 수 있게 된 것이다. 이것은 음악 소비가 개인화되었다는 뜻이다.

LP가 큰 인기를 끌면서 음반 제작과 유통 및 판매를 위한 산업의 바탕이 만들어졌고, 음반 회사들은 수많은 아티스트를 발굴하고 음반을 발매하여 수익을 낼 수 있었다. 이로 인해 음악 산업은 더욱 발전하고 다양한 음악 장르와 아티스트가 성장하는 기회가 만들어졌다.

1950년대부터 엘비스 프레슬리, 비틀스 등과 같이 세계적인 인기를 끈 대중 가수가 등장한 것도 LP를 통해 그들의 음악이 전 세계에 유통되었기 때문이라고 할 수 있다. LP 덕분에 전 세계에서 사랑받고 유행하는 음악이 만들어진 것이다.

또한 LP는 음악을 수집하고 즐기는 문화를 만들었다. 사람들

하위문화

영어인 서브컬처^{subculture}를 우리말로 번역한 것이다. 사회 전체를 지배하는 보편적인 문화와 달리, 어느 한 집단에서 공유하는 독특한 문화를 일컫는다.

은 자신이 좋아하는 아티스트나 장르의 음반을 사 모으게 되었고 음반을 구성하는 앨범 재킷, 내지, 해설 등에 대한 대중적 관심도 커졌다.

음악을 통해 정체성을 형성하거나, 음악 커뮤니티에 속하는 이들이 늘어났다. LP를 중심으로 여러 특이한 장르의 음악을 즐기는 하위문화도 생겨났다.

사람이 현장에서 직접 연주하지 않아도 LP를 이용해 음악을 들려주는 것이 가능해지면서, 음악과 관련된 다양한 업종과 새로운 직업이 등장했다. LP에 녹음된 음악을 들려주는 음악 감상실과 음악을 골라 소개하는 DJ, 배경음악이 필요한 댄스 학원이나 클럽, 카페 등도 연주자를 고용하지 않고 LP를 이용할 수 있었기 때문에 영업이 좀 더 쉬워졌다. 턴테이블^{음반을 돌리는 동그란 받침대에} 놓인 LP를 하나의 악기처럼 만지면서 즉흥적으로 음악을 만들어 내는 클럽의 DJ도 등장했다.

카세트테이프, '워크맨'을 타고 움직이다

1979년에 휴대용 카세트테이프 플레이어, '워크맨'이 등장했다. 이를 기점으로 카세트테이프는 음악 시장에서 중요한 위치를 차지하게 되며 무엇보다도 음악의 이동성을 크게 높였다.

1979년 처음 발매된 소니 워크맨 TPS-L2

　LP는 부피가 크고 파손되기 쉬웠을 뿐 아니라 LP를 재생하는 플레이어도 크고 무거웠다. 그래서 사람이 들고 다니면서 음악을 듣기는 거의 불가능했고 주로 집이나 카페, 음악 감상실 등의 넓은 공간에서 이용되었다.

　반면에, 카세트테이프는 크기가 작고 단단했기 때문에 들고 다니기 좋았다. 특히 '워크맨'이 출시되면서 사람들은 언제 어디에서든, 심지어는 이동하면서도 음악을 들을 수 있게 되었다.

　또한, 한번 제작되고 나면 수록된 음악을 바꿀 수 없는 LP와는 달리, 카세트테이프는 소리를 녹음하고 삭제하는 것이 가능했다. 그래서 사람들은 카세트테이프에 자신이 좋아하는 음악을 골라 녹음할 수 있게 되었다. 개인이 음악을 즐기고 자기 것으로 소유하는 일이 더욱 쉬워진 것이다.

한편으로 카세트테이프는 음악을 다른 사람과 공유하고 교류하는 수단으로도 활용되었다. 사람들은 자기가 좋아하는 음악이나 직접 부른 노래를 카세트테이프에 녹음하여 친구나 가족에게 선물했다. 카세트테이프가 음악을 통한 커뮤니케이션의 중요한 미디어로 기능한 것이다.

카세트테이프를 이용하면 비교적 저렴한 가격으로 음악을 제작해 배포할 수 있었기 때문에, 자본이 넉넉지 않은 인디독립 음악과 지역 음악 제작자나 아티스트의 활동에도 도움이 되었다. 그들은 카세트테이프를 통해 자신의 음악을 발표하고 팬과 소통했으며, 이를 통해 다양한 장르의 뮤지션들이 성장할 수 있었다.

전화기의 끝없는 변신

전화는 서로 멀리 떨어져 있는 사람들이 음성 메시지를 주고받도록 만든 미디어이다. 전화가 발명되면서 사람들은 자신이 어디에 있든 먼 곳에 있는 사람과 실시간으로 마치 옆에 있는 듯이 대화할 수 있게 되었다. 전화 덕분에 인간은 공간적 한계를 뛰어넘을 수 있었고 개인적·사회적 커뮤니케이션에 혁명적 변화가 일어났다.

'교환원'을 대체한 자동 전화 장치

1974년 7월 홍수환은 복싱 세계 챔피언 결정전을 치르기 위해 지구 반대편에 있는 남아프리카공화국으로 향했다. 비행기를 여섯 번 갈아타고 36시간이 걸려 경기가 열리는 더반이라는 도시에 도착했다. 상대를 여러 번 다운시킨 끝에 15회 판정승을 거둔 홍수환은 방송 중계 팀이 연결해 준 전화로 한국에 있는 어머니와 대화를 나눴다. "엄마, 나 챔피언 먹었어."라는 홍수환의 말에 어머니는 "이제 소원을 풀었어. 대한국민 만세다, 만세야!"라고 했다. 36시간의 이동 거리를 건너뛰고 실시간으로 이뤄진 이 대화는 라디오를 통해 생방송되면서 유행어가 되었다.

전화를 발명했다고 여겨지는 사람들은 여럿 있지만, 전화의 발명 특허권은 1876년 알렉산더 그레이엄 벨이 처음으로 차지했다. 벨이 개발한 최초의 실용적인 전화 장치는, 소리 진동을 전기 신호로 변환해서 전선을 통해 전송한 후에 다시 소리 진동으로 바꾸는 방식으로 작동했다.

전화는 공간적 거리를 뛰어넘어 장거리 커뮤니케이션을 가능하게 하는 아주 새로운 장치였기 때문에, 발명되자마자 곧 상업화되었다. 초기의 전화 시스템은 수동이라서 교환원이 필요했다. 전화를 걸어 교환원에게 원하는 전화번호를 말하면, 교환원이 그 번호에 직접 전선을 연결해 줘야 통화가 가능했다.

교환원을 거치지 않고 받는 이에게 직접 전화를 걸 수 있는 자동 전화 장치는 1891년에 개발되었다. 이 장치를 발명한 알몬 스트로저는 놀랍게도 미국의 장의사였다. 그는 교환원이 스트로저와 경쟁 관계에 있는 장의사에게 유리하게 전화를 연결해 준다고 의심했다. 그래서 결국 스스로 교환원이 필요 없는 자동 전화

1952년 미국 워싱턴주 시애틀의 전화 교환원들

를 발명할 결심을 했다고 한다.

전화망은 빠르게 확장되어 더 많은 도시와 지역을 연결했다. 전화 신호를 전달하기 위해 지상과 지하에 전화 케이블이 설치되었다. 멀리 떨어진 지역을 연결하는 장거리 전화망도 계속 만들어졌다. 1956년에는 TAT-1으로 알려진 대서양 횡단 전화 케이블이 설치되어 북미와 유럽 사이에도 직접 전화 통화가 가능해졌다. 초기의 해외 전화는 여전히 교환원을 통해야 했다.

움직이는 전화기의 등장

숫자 회전판을 돌리는 방식의 로터리 다이얼 전화기는 20세기 초에 도입되었다. 숫자 회전판이 달린 몸체 위에 수화기가 가로로 놓여 있는 형태의 전화기도 이때 등장했다. 1963년에는 숫자 버튼을 눌러 전화를 거는 버튼식 전화기가 발명되었다.

일상생활에서 전화를 쓸 일이 점점 늘어나자 공공장소에서 누구나 저렴한 비용으로 이용할 수 있는 공중전화가 도시 곳곳에 설치되었다. 1880년대 초에 등장한 최초의 공중전화는 사람에게 돈을 지불하고 사용하는 방식이었지만 1889년에 동전을 넣어 사용하는 공중전화가 발명되었다.

이때까지 전화기는 항상 정해진 장소에 고정된 장치였고 전화를 하기 위해서는 사람이 전화기를 찾아 움직여야 했다. 사람들은 이제 움직이면서도 통화를 할 수 있게 되기를 꿈꾸었다.

아날로그와 디지털

아날로그란 어떤 수치나 데이터를 전압, 전류 등 연속적으로 변환하는 양으로 표현하는 것이고, 디지털은 그것을 2진수로 표현하는 것이다. 즉, 아날로그가 정보를 곡선의 형태로 전달한다면 디지털은 1과 0이라는 숫자로 전달한다. 아날로그 시계와 디지털 시계의 차이를 떠올려 보면 좀 더 이해가 쉽다.

자유롭게 움직이면서 통화를 할 수 있는 이동 전화는 1973년 미국의 통신 기업 모토로라에서 개발되었다. 1983년에 아날로그 방식의 휴대 전화가 널리 쓰이기 시작했고, 1990년대 중반부터는 디지털 방식의 휴대 전화가 대중화되면서 일상생활의 필수품으로 자리 잡았다.

　2007년 미국 기업 애플이 개발한 아이폰은 전화뿐 아니라 인터넷과 연결된 다양한 애플리케이션을 멀티 터치 스크린 기술로 사용할 수 있는 서비스를 제공함으로써 스마트폰 시대를 열었다. 오늘날 사람들은 스마트폰을 이용해 이동 중에도 다양한 업무를 처리하고 오락을 즐길 수 있게 되었다. 디지털 세상을 자유롭게 떠도는 '디지털 유목민', 혹은 움직이는 인간을 뜻하는 '호모 모빌리스Homo mobilis'가 탄생한 것이다.

히틀러가 라디오를 사랑한 이유

1906년 12월 24일 저녁, 미국의 발명가 레지널드 페센든은 크리스마스이브를 맞이해 미국 동부 브랜트록 해안에서 특별 방송을 했다. 당시 대서양에 떠 있던 배들의 무선 통신사들을 위해 간단한 음악과 노래를 들려주기로 한 것이다. 그는 레코드판에 녹음된 헨델의 음악을 축음기로 틀고 직접 바이올린을 연주하며 캐럴을 부른 것을 무선 통신 기술을 이용해 전송했다. 훗날 이것은 불특정 다수의 사람에게 음악과 오락을 제공한 최초의 라디오 방송으로 기록되었다.

라디오는 위험한 도구였다?

이처럼 라디오 방송은 무선 통신 기술로부터 출발했다. 이탈리아의 전기 기술자 굴리엘모 마르코니는 1895년 수 킬로미터 떨어진 곳에 무선으로 신호를 전달하는 장치를 개발했다. 초기에는 모스 부호 등을 이용해 신호를 전달했지만, 곧 소리를 전달하는 장치들이 개발되었다. 페센든의 실험 이후 여러 사람이 라디오 방송을 실험하면서 기술을 개량한 끝에 1920년부터는 여러 나라에서 라디오 방송이 본격적으로 시작되었다. 한국에서도 1927년 경성방송국지금의 KBS이 설립되면서 라디오 방송이 시작되었다.

라디오는 대중에게 뉴스, 음악, 드라마 콘텐츠 등을 방송하면서 큰 인기를 끌기 시작했다. 사람들은 정보와 오락을 얻기 위해 라디오 앞에 모여들었다. 텔레비전이 본격적으로 보급되기 시작한 1950년대까지 라디오는 사회적·문화적으로 중요한 매스미디어로서 황금기를 보냈다.

많은 사람에게 동시에 실시간으로 감성적인 메시지를 전달할 수 있다는 점에서, 라디오는 정치적 목적을 위해서도 적극적으로 이용되기 시작했다.

특히 1930년대에 독일의 정치가 아돌프 히틀러는 라디오를 적극적으로 활용해 대중을 선동하고 자신의 권력을 튼튼하게 만들 수 있었다. 히틀러의 연설은 라디오를 통해 전국으로 생중계되었는데, 빠르고 격정적이며 쉬운 단어를 사용하는 히틀러의 연설은 대중을 감정적인 흥분 상태로 몰아넣으면서 나치당의 이념과 정책을 따르도록 만들었다. 이를 통해 히틀러는 대중의 감정과 의

나치 독일 정권이 대중에게 나치당의 이념을 선전하기 위해 저렴한 가격에 보급한 국민 라디오 VE301W

식을 통제하고 조작하는 데 성공했다.

1938년 10월 30일 저녁, 미국 CBS 라디오에서는 영국의 소설가 허버트 조지 웰스의 유명한 SF 소설 《우주 전쟁》을 라디오 드라마로 각색해 방송했다. 드라마는 화성인이 지구를 침공하는 장면을 마치 현장에서 생중계하듯이 들려주었다. 사람들의 비명과 폭발음이 들리는 가운데 현장에 있는 기자가 겁에 질린 목소리로 화성인의 공격을 중계하듯 묘사한 것이다.

드라마를 시작할 때 이것이 허구라는 사실이 공지되긴 했지만, 중간에 라디오를 켠 사람들은 그 사실을 알 수 없었고 진짜 화성인의 침공 소식을 듣는다고 생각해 공포에 질렸다. 경찰서에 문의 전화가 빗발쳤고 피난을 가는 사람도 있었다. 이 사건은 라디오가 사람들에게 얼마나 큰 영향을 미칠 수 있는지를 보여 주는 사례로 현재까지 언급된다.

주파수가 나라 것이라고?

이처럼 라디오는 메시지를 수많은 사람에게 동시에 전송할 뿐 아니라, 말과 소리, 음악 등을 통해 감정을 자극한다. 그래서 대중의 생각과 태도에 큰 영향을 미칠 수 있는 매스미디어이다. 독일 나치당의 사례에서 나타나듯이, 히틀러가 라디오 방송을 소유하고 통제하려 한 것도 그것이 가진 강력한 힘을 알았기 때문이다.

게다가 전파는 풍부한 자원이라기보다는 매우 한정되어 있는 희소 자원이다. 라디오 방송에 사용할 수 있는 전파의 주파수 대역은 그다지 넓지 않다. 하나의 주파수에서는 하나의 방송만이 가능하기 때문에, 라디오 방송 채널 수는 제한될 수밖에 없다.

종이를 사용하는 신문의 경우에는 국가가 규제할 만한 명분을 찾기가 어렵지만, 전파를 사용하는 라디오 방송에 대해서는 국가가 전파를 공공재로 규정해 규제하고 관리할 명분을 가질 수 있었다. 국가가 자격을 갖췄다고 판단하는 사업자에게 주파수를 빌

려주어 방송을 허가하는 것이다. 이때 전파를 이용해 대중에게
방송 서비스를 제공하는 것은 공공의 이익을 위한 활동이어야
한다.

오늘날까지도 대부분 사기업 형태로 운영되는 신문과 달리, 라
디오 방송은 많은 나라에서 국영이나 공영의 형태로 운영되고
있으며, 민영 방송의 경우에도 국가의 규제와 통제를 받는다.

다재다능한 라디오의 모험

라디오와 축음기는 소리 미디어의 역사에서 서로를 보완하며 함께 발전했다. 라디오는 라이브 공연, 음악, 뉴스 및 기타 프로그램을 많은 청중에게 방송한다. 반면에 축음기는 사람들이 음악이나 대화, 강의 등을 녹음하거나 이미 녹음된 콘텐츠를 구입하고 소유함으로써 집에서 콘텐츠를 즐길 수 있도록 한다.

축음기와 마찬가지로 라디오도 소리 콘텐츠 중에서 특히 음악을 대중화하는 데 크게 도움이 되었다. 라디오 방송은 음악의 공연 실황을 생중계하거나 녹음된 노래를 재생함으로써 청중에게 많은 음악을 소개한다.

음악 소개의 중심, 라디오

라디오 방송에서 모든 노래를 항상 생중계할 수는 없다. 사실, 라디오에서 방송되는 음악은 대부분 이미 녹음된 것을 재생하는 형태이다. 이처럼 축음기 기술은 라디오 방송이 성장하는 과정에 중요한 역할을 했다.

라디오는 수많은 대중에게 동시에 같은 메시지를 전달할 수 있기 때문에, 어떤 노래가 라디오를 통해 방송되면 홍보 효과가 발생해 사람들 사이에서 인기를 끌 가능성이 높아진다. 그렇게 인지도와 인기를 얻게 되면 그 노래의 음반이나 음원의 판매량이 늘어난다. 그래서 라디오가 매스미디어로 강력한 영향력을 발휘하던 20세기 초중반에는 가수나 가요 제작자가 자신의 곡을 홍보하기 위해 라디오를 적극적으로 이용했다.

라디오 음악 프로그램을 담당하는 DJ나 PD는 가수나 가요 제작자와 밀접한 관계를 유지하면서 노래의 제작과 유행에 깊이 관여했다. DJ와 PD는 좋은 노래를 발굴해 방송 프로그램을 통해 소개하고, 가수와 제작자는 DJ와 PD에게 가사나 멜로디에 대한 조언을 구하면서 곡의 대중성과 완성도를 높이는 방식으로 협력했다.

라디오의 음악 방송 프로그램은 장르별로 나뉘어 특성에 따라 운영되는 경향이 있다. 클래식 음악, 국악, 외국 팝송, 국내 가요 등 다양한 장르의 음악이 전문가의 설명과 추천을 통해 방송되면서 팬덤을 형성하고 관련 음악 산업을 발전시킨다.

한국의 라디오 방송에서는 그동안 〈별이 빛나는 밤에〉, 〈밤의 디스크쇼〉, 〈두 시의 데이트〉, 〈팝스 다이얼〉, 〈배철수의 음악캠프〉, 〈가정음악〉, 〈세상의 모든 음악〉 등의 음악 전문 프로그램들이 짧게는 10년, 길게는 50년 넘게 방송되면서 클래식 음악, 국내 가요, 외국 가요 등을 널리 소개하고 보급했다.

수많은 이들과의 실시간 커뮤니케이션

라디오 또한 매스미디어에 속하지만, 신문이나 영화, 텔레비전 같은 매스미디어와는 프로그램 운영 과정에서 차이를 보인다. 바로 대중과의 양방향 소통을 중요하게 활용해 왔다는 점이다.

특히 음악 방송 프로그램은 청취자가 엽서로 보내온 사연을 DJ가 읽고서 상담이나 평을 하기도 하고 청취자가 신청한 음악을 들려주는 방식으로 운영되었다. 또한 전화를 이용해 청취자와 실시간 대화를 하는 것도 중요한 부분이다.

방송 프로그램의 주제나 소재가 전문화되어 있고 진행자와 청취자 사이의 활발한 커뮤니케이션으로 친밀한 감정이 형성되기 때문에, 라디오 프로그램은 애정이 깊은 청취자 집단을 구성하고 유지하면서 장기간 방송되는 경우가 많다. 예를 들어 〈별이 빛나는 밤에〉와 같은 프로그램은 1969년 첫 방송이 된 이후 지금까지 50년 넘게 계속되고 있다. 그사이 '별밤지기'라고 불리는 DJ의 자리를 거쳐 간 사람만도 수십 명이다.

인터넷을 이용한 라디오 방송이 시작되면서 청취자와의 양방향 커뮤니케이션은 더욱 다양하고 활발해졌다. 손으로 써서 우편으로 발송하던 엽서는 거의 사라졌지만 그 자리를 인터넷 게시판이나 댓글창, 문자 메시지가 차지했다.

덧붙여 전화는 여전히 라디오 방송이 청취자와의 대화를 위해 사용하는 중요한 미디어이다. 라디오와 전화는 모두 소리 미디어이기 때문에, 둘이 결합했을 때 매우 좋은 효과가 나타난다. 공간적으로 멀리 떨어져 있는 DJ와 청취자가 전화를 이용해 실시간으로 나누는 대화가 라디오 방송을 통해 대중에게도 실시간으로 전달된다. 라디오와 전화를 통해 수많은 사람이 실시간 커뮤니케이션에 동참하는 기분을 느낄 수 있는 것이다.

'우리'의 볼륨을 높여라

전파를 이용해 무선으로 소리 신호를 전송하는 라디오 방송은 비교적 간단한 기술이다. 라디오 방송이 가능해지자마자 매우 빠른 시간 안에 세계 곳곳에 방송국이 설립된 것도 기술 자체가 단순하고 장비도 간단한 편이었기 때문이다. 저렴하고 쉽게 구할 수 있는 송출 장비와 안테나만 갖추면 누구나 라디오 방송을 시작할 수 있다.

물론 전파 주파수는 국가가 관리하고 모든 방송은 허가를 받아야 하기 때문에, 개인이 마음대로 내보내는 라디오 방송은 엄격히 보자면 불법이다. 이렇게 개인이 불법으로 방송하는 라디오를 '해적 라디오Pirate radio'라고 한다.

1990년에 미국에서 제작된 영화 〈볼륨을 높여라〉는 해적 라디오를 운영하는 한 고등학생의 이야기를 그려서 인기를 끌었다. 전학 온 학교에서 내성적 성격 때문에 친구를 사귀지 못하고 겉돌던 마크는 고향의 친구들과 교신하기 위해 무선 통신기를 사용하려다 신분을 숨기고 라디오 해적 방송을 시작한다. 또래 친구들의 생각과 감성을 대변하는 마크의 방송은 주변 고등학생들 사이에서 큰 인기를 끌게 된다.

자유분방한 방송 내용 때문에 학생들의 일탈이 심해지고 있다고 생각한 보수적이고 권위적인 교장과 교사들은 경찰과 함께 해적 라디오의 진행자를 찾아내 체포하려 한다. 결국, 마크의 방송은 끝이 나지만 그의 영향을 받은 학생들은 곳곳에서 어른들과는 다른 자기만의 생각과 감정을 솔직히 밝히는 해적 방송을 시작한다.

국가의 규제와 관리를 받는 정식 방송과는 달리 해적 라디오는 국가의 통제를 벗어나 있어서, 개인이 원하는 내용을 자유롭게 방송할 수 있는 장점을 갖고 있다. 하지만 송출기 성능의 한계로 도달 거리가 비교적 짧다는 단점이 있다. 또한 불법이기 때문에, 단속을 피해 장소를 자주 옮기고 이동해야 하며 안테나를 숨

1926년 미국 정부의 주파수 지정을 거부했다가 '해적선 방송'으로 기소되자 실제로 해적 분장을 하며 맞선 WJAZ 방송국 직원들

겨야 하는 것도 문제다.

해적 라디오는 정치적 목적으로 운영하는 경우가 많지만, 때로는 문화적 활동을 위해 사용되기도 한다. 1960년대 영국에서 유행했던 해적 라디오는 영국의 공영방송인 BBC 라디오에서는 들을 수 없던 팝과 록 음악을 방송하면서 청년 세대에게 큰 인기를 끌었다.

당시 해적 라디오는 바다 위에 떠 있는 배에서 육지를 향해 전파를 발신했으며 1,000만 명이 넘는 사람들이 이 방송을 들었다고 전해진다. 이런 해적 방송의 활약으로 영국의 대중음악 문화가 풍성해졌으며 보수적이던 BBC 라디오도 함께 변할 수 있었다.

'해적'이 한 좋은 일들

이처럼 해적 라디오는 비록 불법적인 활동이지만, 정치·사회·문화에 긍정적 역할을 할 수 있다.

첫째, 공식적인 라디오 방송이 제공하는 서비스가 제한되거나 충분하지 않을 때 다양성을 제공하는 미디어의 역할을 할 수 있다. 일반 라디오가 충분히 전달하지 못하는 특정 지역이나 집단의 의견, 정보, 음악, 문화 등을 다룸으로써 다양한 의견과 목소리를 들려주는 기능을 한다. 또, 소수 의견이나 다른 시각을 가진 사람들에게 의견을 표현할 수 있는 플랫폼을 제공하여 공적인 논의와 토론의 장을 마련할 수 있다.

둘째, 해적 라디오는 전국보다는 소규모 지역으로 송출되기 때문에, 지역적인 이슈나 이야기를 다루며 지역 공동체 사회의 구성원들이 직접 참여하고 의견을 공유하는 플랫폼을 제공할 수 있다. 이와 같은 해적 라디오의 장점을 살리기 위해 국가는 특정 지역에서만 방송하는 '공동체 라디오'를 허가하고 활성화하려 하기도 한다. 캠퍼스가 넓은 대학교의 교내 라디오 방송이나 지역 밀착형 공동체 라디오가 그 대표적 사례이다. 이런 공동체 라디오는 중앙집권적 방송 환경에서 벗어나 지역 공동체 구성원을 위한 정보, 교육, 문화의 미디어로 기능한다. 특히 지역의 현재 문제에 지역민이 직접 참여하도록 유도하는 공동체 라디오는 풀뿌리 민주주의의 기반을 다질 수 있는 미디어라는 평가를 받는다.

마지막으로 해적 라디오는 대중적인 상업 라디오에서는 잘 다루지 않는 소수 장르의 음악, 지역의 토속적 음악, 하위문화나 대안 문화 등을 다루는 대안 미디어의 역할을 하여 문화의 다양성과 창의성을 높일 수 있다. 상업적 이익을 추구하지 않고 혁신적이고 독립적인 음악을 선보이며 대중과 예술가 사이의 연결 고리 역할을 할 수 있다.

풀뿌리 민주주의

평범한 사람들이 자신의 지역을 운영하는 일에 자발적으로 참여해서 환경과 생활을 변화시키려는 정치 이념이다. 소수의 권력 계급이 다수의 민중을 지배하는 엘리트주의와 반대된다.

아날로그 방송에서 디지털 방송으로

개인이 자유롭게 자기의 생각과 문화를 표현하는 도구로 사용했던 해적 라디오의 모습은 현재 우리가 경험하는 디지털 1인 미디어와 매우 비슷하다. 과거의 해적 라디오가 지금은 팟캐스트와 유튜브 채널 등과 같은 1인 미디어로 진화했다고도 할 수 있다.

또한 기존의 라디오 방송도 인터넷을 이용한 서비스를 제공하면서 라디오 수신기가 아닌 다양한 디지털 기기를 이용해 라디오 방송을 들을 수 있게 되었다.

공간과 시간의 제약을 뛰어넘다

디지털 방송은 인터넷에 연결된 다양한 플랫폼과 애플리케이션을 이용해 오디오 콘텐츠를 전송한다. 아날로그 방송과 비교해 볼 때, 더 다양한 콘텐츠를 더 나은 품질로 제공할 수 있다. 디지털 기술을 이용하면 데이터 손실을 최대한 막고 원래 정보를 복원할 수 있기 때문이다. 음질을 높이고 잡음을 줄여서 소리가 더 선명하고 정확한 콘텐츠를 제공하는 것이다.

디지털 방송은 소리뿐 아니라 추가적인 데이터도 전송할 수 있다. 예를 들어, 음악과 함께 가수나 작곡가의 정보, 앨범 사진, 노래 가사, 실시간 다운로드 정보 등을 제공한다. 나아가 영상도 전송할 수 있어서 '보이는 라디오' 방송이 가능하다. 디지털 방송의 이용자는 스마트폰 같은 디지털 기기를 이용해 소리뿐 아니라 문자, 사진, 동영상 콘텐츠를 즐길 수 있다.

이용자와 실시간으로 상호작용할 수 있는 것도 디지털 방송의 특성이다. 과거 아날로그 라디오 방송 시절에는 청취자가 주로 전화와 엽서를 이용해 방송에 참여했지만, 디지털 방송 이용자는 실시간 문자나 클릭 등을 이용해 바로 투표하거나 의견을 제출하고 이벤트에 응모할 수도 있다. 다양한 미디어를 이용해 좀 더 빠르고 능동적인 상호작용이 이루어지는 것이다.

디지털 방송의 특성을 가장 잘 보여 주는 것이 인터넷 라디오와 팟캐스트이다. 인터넷 라디오는 인터넷을 이용해 콘텐츠를 제공하는 라디오이다. 일반적으로는 기존의 라디오 방송을 인터넷을 통해서도 서비스하는 방식으로 제공된다. 인터넷을 통해 전 세계 어디에서든 접속할 수 있으며, 이론적으로는 무한히 많은 수의 채널이 존재할 수 있다.

주파수를 이용하는 아날로그 라디오와는 달리, 인터넷 라디오는 지리적인 제약과 채널 수의 제한이 없으므로 다양한 언어, 문화, 관심사를 가진 이용자들에게 맞춤형 콘텐츠를 제공할 수 있다. 또한 실시간 방송뿐 아니라 과거 방송을 다시 듣거나 특정 콘텐츠를 다운로드하여 이용할 수 있는 서비스를 제공한다. 공간적 제약뿐만 아니라 시간적 제약도 극복한 것이다.

또한 인터넷 라디오 방송은 웹사이트뿐 아니라 스마트폰 애플리케이션 등 다양한 플랫폼을 통해 접근할 수 있다.

허락이 필요 없는 개인 미디어 플랫폼

팟캐스트는 인터넷을 통해 오디오 또는 비디오 콘텐츠를 제공하는 서비스이다. '팟캐스트pod cast'라는 단어는 애플에서 개발한 휴대용 재생 기기인 아이팟iPod과 방송broadcasting의 합성어다. 말 그대로 아이팟과 같은 휴대용 재생 기기를 이용해 즐길 수 있는 방송이라는 의미이다.

팟캐스트는 제작자가 인터넷에 업로드한 미디어 파일을 이용자가 필요할 때마다 다운로드하거나 스트리밍하면서 즐기는 방식으로 운영된다.

팟캐스트의 대부분 콘텐츠들은 특정 주제에 대한 개인적 의견이나 이야기를 독백이나 대담 형태로 담아낸다. 이용자는 원하는

2005년에 출시됐던 아이팟 나노 1세대

시간에 콘텐츠를 듣거나 볼 수 있으며, 자신의 휴대 장치 또는 컴퓨터에 저장하여 오프라인에서도 감상할 수 있다. 일부 팟캐스트는 특정 프로그램의 에피소드를 정기적으로 업데이트하며, 이용자는 채널을 구독하여 최신 에피소드를 받아 볼 수 있다.

일반적으로 방송사가 운영하는 인터넷 라디오와는 달리, 팟캐스트는 누구나 창작자가 될 수 있는 새로운 형태의 미디어 플랫폼이다. 대형 방송사 조직이 아닌 평범한 개인도 비교적 쉽게 운영할 수 있어서 창작자에게 자유로움과 다양성을 제공한다. 누구나 저렴한 장비와 소프트웨어를 사용하여 직접 팟캐스트 콘텐츠를 제작하고 배포할 수 있다. 창작자들은 자신의 관심 분야나 전문성을 바탕으로 다양한 주제를 다루며, 고유한 목소리와 스타일을 통해 대중에게 메시지를 전달할 수 있다.

기존의 라디오 방송과는 달리 팟캐스트는 평범한 사람의 다양한 목소리와 의견을 대중에게 전하는 역할을 한다. 일반적인 매스미디어에서는 대부분 대중적으로 인기가 있는 유명인이 진행자나 출연자로 등장하고, 대중음악이나 시사 뉴스와 같은 지배적인 콘텐츠를 주로 제공한다. 하지만 팟캐스트에서는 누구나 개인적인 관심사나 의견을 담은 콘텐츠를 제작해 다른 사람들과 공유할 수 있다. 그 결과, 팟캐스트를 통해 다양한 배경과 이야기를 가진 사람들의 목소리가 드러나고, 비교적 주목받지 못했던 주제나 시각이 대중에게 알려졌다.

매스미디어가 광고를 주요 수입원으로 하는 것과는 달리 팟캐스트는 다양한 수익 모델을 갖고 있다. 팟캐스트 창작자는 광고 수입뿐 아니라, 후원이나 구독, 상품 판매 등 다양한 방식으로 수익을 창출할 수 있다. 다양한 수익 모델은 창작자에게 경제적 자유를 제공하고, 다양한 주제와 의견을 다루는 팟캐스트의 생태계를 발전시킨다.

2011년 첫 방송을 시작한 〈딴지 라디오: 나는 꼼수다〉는 한국에서 성공한 팟캐스트의 대표 사례이다. 흔히 '나꼼수'라고 불리는 이 팟캐스트는 당시에 기존 언론 미디어에서 꺼리는 정치적 의견을 자유롭게 방송함으로써 인기를 끌었다.

그 이후로 정치뿐 아니라 경제, 사회, 문화 등 많은 분야의 여러 가지 이야기를 제공하는 수많은 팟캐스트 채널이 등장해 다양한 대중의 취향을 만족시키면서 크게 발전했다.

개인이나 작은 집단이 저비용으로 콘텐츠를 생산하고 대중과 직접 상호작용을 할 수 있는 플랫폼인 팟캐스트는 창작자에게 자유와 다양성을 제공하며, 일반인의 다양한 목소리를 발견하고 공유하는 역할을 해 왔다. 하지만 2010년대 중반 이후 유튜브와 같은 영상 공유 플랫폼이 1인 미디어 생태계를 지배하면서 팟캐스트 이용자의 수는 크게 줄었다.

라디오는 사라질 것인가

인터넷을 이용한 1인 미디어 플랫폼은 오디오 콘텐츠의 제작과 소비를 포함하여 미디어 환경에 매우 큰 영향을 미쳤다. 하지만 그렇다고 라디오 방송이 완전히 사라질 것 같지는 않다. 라디오 방송은 인터넷 미디어가 지배하는 현재에도 여전히 자기만의 매력을 뽐내면서 고유의 사회적·문화적 역할을 하고 있다.

라디오 방송이 사용하는 지상파는 특별히 중계소를 이용하지 않는 한 도달 범위가 제한되어 있다. 그 결과, 방송을 청취할 수 있는 범위가 지역적으로 제한될 수밖에 없어서 라디오 방송은 처음부터 지역적인 특성을 갖고 발달했다. 전파가 도달하는 범위 안에 있는 지역과 관련된 뉴스, 날씨, 이슈, 토론 등의 지역 콘텐츠를 다루는 방식으로 발전한 것이다. 지역 커뮤니티 중심의 콘텐츠가 라디오 방송의 핵심이 되는 경우가 많은 이유다. 라디오 방송의 이러한 특성은 세계를 무대로 하는 인터넷 기반 플랫폼과는 분명히 구분된다.

그리고 라디오는 텔레비전과 같은 복잡하고 무거운 장비나 인터넷에 연결하기 위한 계정, 장비 등을 필요로 하지 않는다. 또한 라디오 수신기가 작고 가볍고 저렴하기 때문에 다양한 연령대와 배경의 사람들이 쉽고 편하게 사용할 수 있다. 해적 라디오의 사례에서 볼 수 있듯이, 라디오는 간단한 장비로 개인적 콘텐츠를 대중에게 빠르게 전달할 수 있는 가장 기본적인 미디어라는 장점을 갖고 있다.

라디오 방송은 간단한 기술을 기반으로 작동하기에, 누구나 라디오 수신기만 있다면 언제 어디에서나 라디오 방송을 들을 수 있다. 인터넷 연결이 제한된 지역이나 텔레비전 같은 무거운 장치를 휴대하기 어려운 상황에서도 마찬가지다.

전쟁이나 자연재해와 같은 긴급 상황이 발생해 인터넷이나 텔레비전 등을 이용할 수 없을 때, 라디오 방송은 필요한 정보를 얻을 수 있는 매우 유용한 미디어가 된다.

생방송 또한 라디오가 가진 강점이다. 라디오는 스포츠 경기, 공연 실황, 토크쇼나 토론 등과 같은 다양한 이벤트를 실시간으로 방송하기 쉬운 미디어이다. 라디오 생방송을 통한 즉각적이고 생생한 청각 경험은 즉흥적이고 예측할 수 없는 특성을 즐기는 청취자들을 계속해서 끌어들일 수 있다.

디지털과 함께 발전하다

우리가 일상적으로 사용하는 기구 중에서 특히 자동차는 라디오와 긴밀히 연결되어 있다. 모든 자동차에는 라디오 수신기가 기본적으로 장착되어 있다. 매일 하는 통근이나 장거리 운전 중에 사람들이 가장 쉽게 접근할 수 있는 미디어가 바로 라디오이다. 자동차 운전자와 승객에게 다양한 정보와 오락을 제공하는 최고의 미디어라고 할 수 있다. 자동차가 사라지지 않는 한, 라디오 방송이 사라지기는 어려울 것이다.

라디오 방송은 일반적이고 종합적인 콘텐츠를 제공하기도 하지만 전문화되고 특수한 주제와 소재, 장르를 다루는 프로그램을 제공하는 경우가 많다. 클래식 음악, 재즈, 국악, 세계의 민속 음악 등을 전문적으로 다루는 프로그램, 교통 정보나 정치 시사 토론을 제공하는 프로그램 등이다. 이 프로그램들은 라디오 방송을 청취하는 고유한 소비자 집단을 형성한다.

디지털 기술이 도입되면서 오히려 라디오 방송은 더욱 발전하고 있다. 현재 라디오는 개인에게 온라인 스트리밍 옵션과 팟캐스트를 제공하고, 문자와 댓글 등을 통해 청취자와 실시간으로 양방향 커뮤니케이션을 한다. 또한 '보이는 라디오'를 구현하면서 시각적 즐거움까지도 제공한다.

스트리밍streaming

음악이나 동영상 등의 파일을 전송하고 재생하는 방식 가운데 하나이다. 파일을 다운로드하고 난 뒤에 재생하는 경우는 내려받는 시간이 오래 걸릴 수 있는데, 스트리밍은 바로 재생할 수 있어서 그 시간을 크게 줄일 수 있다.

새롭고 매력적인 미디어가 계속 등장하고 있지만 라디오 방송은 고유한 매력과 장점을 바탕으로, 급변하는 미디어 생태계 안에서도 그 형태를 잘 유지하고 있다. 지역 맞춤형 콘텐츠, 쉬운 접근성, 실시간 방송에 특화된 기술, 송수신 장치의 단순함과 같은 고유한 속성이, 라디오가 디지털 환경에서도 계속해서 대중에게 사랑받는 비결이라 할 수 있다.

진로 찾기 **아나운서**

라디오와 텔레비전 같은 방송 미디어에서 목소리, 즉 말로 정보를 전달하는 일을 하는 사람을 아나운서라고 한다. 아나운서는 좋은 목소리, 정확한 발음, 적절한 단어, 완전한 문장을 구사하며 메시지를 전달하는 전문 직업인이라고 할 수 있다. 아나운서의 명료하고 매력적인 목소리와 조리 있고 깔끔한 문장의 조화는 정확한 정보의 전달을 넘어서 미디어 수용자들에게 재미와 감동을 주기도 한다. 아나운서의 주요 활동 무대는 전통적인 방송 미디어이지만 최근에는 인터넷을 이용한 다양한 미디어를 통해 정보와 오락을 대중에게 전달하는 경우도 많아졌다.

아나운서가 하는 업무는 다양하다. 그중 뉴스 전달은 가장 오래되고 중요한 업무이다. 방송 뉴스의 핵심은 공적인 사건에 대한 정확한 정보를 전달하는 것이기 때문에, 뉴스를 전하는 아나운서는 선명하고 차분한 목소리와 발음뿐 아니라 중립적이고 냉철한 태도를 유지해야 한다. 아나운서의 말과 태도는 뉴스의 신뢰성과 명확성을 유지하는 데 기여한다.

아나운서는 뉴스 외에 다양한 프로그램을 진행하기도 한다. 게임쇼, 토크쇼, 음악 방송, 공연, 스포츠 중계, 기념행사, 일기예보 등 다양한 장르의 프로그램에서 원활한 대화 능력, 유머와 임기응변 능력 등을 발휘하여 대중에게 유익하고 즐거운 시간을 선사한다. 프로그램의 장르에 따라 아나운서에게 요구되는 능력은 달라질 수 있지만, 명료하고 안정된 발음, 친근하고 편안한 소통, 부드러우면서도 절제된 태도 등이 기본적으로 나타나야 할 모습이다.

광고 메시지를 전하는 것도 아나운서의 주요 업무 중 하나이다. 광고에서는 제품이나 서비스에 대해 정확한 정보와 호감을 주는 메시지를 전달해야 한다. 좋은 목소리와 정확한 발음으로 메시지의 신뢰성을 더하는 아나운서는 광고의 효과를 높일 수 있다. 광고 메시지를 읽는 아나운서라면 긍정적이고 쾌활하면서도 감정을 잘 전달하는 목소리를 사용하면 좋을 것이다.

유명 인사나 전문가와 인터뷰를 진행하는 것도 아나운서의 일이다. 좋은 인터뷰를 진행하기 위해서 아나운서는 전문성과 친근함, 편안함을 갖출 필요가 있다. 인터뷰 대상자의 배경, 경력, 관심사를 충분히 조사하고 관련 분야에 대한 정보를 미리 습득하여 관심과 존경을 표현하는 방식으로 인터뷰를 진행하면 좋다. 환영하는 표정과 미소, 친절한 모습을 보이면서 열린 자세로 상대방의 말을 경청하고 공감한다면 좋은 결과를 얻을 것이다.

아나운서가 되기 위해서 가져야 할 역량 중 가장 중요한 것은 좋은 음성과 명확한 발음을 구사하는 능력이다. 부드러우면서도 힘 있는 목소리로, 어떠한 어려운 단어도 정확히 발음할 수 있어야 한다. 또한 특정한 지역성이 드러나지 않는 표준어를 써야 한다.

아나운서는 풍부한 어휘와 정확한 문법을 이용해 문장을 구성하고 말하는 능력을 갖추어야 한다. 뉴스와 정보 프로그램이 아닌 오락 프로그램을 진행할 경우에는 다양한 상황과 분위기에 맞는 말투를 활용하는 능력도 필요하다. 그러므로 엄숙한 뉴스에서부터 유쾌한 오락 프로그램까지 다양한 장르에 맞는 언어 구사 능력을 기를 필요가 있다. 최근에는 오락 프로그램에서 활약하는 아나운서가 증가하면서 아나운서와 엔터테이너의 합성어인 '아나테이너'란 말도 생겼다.

효과적인 정보 전달력도 필요하다. 아나운서는 단순히 글을 명확하게 읽는 것을 넘어서 정보를 대중에게 효과적으로 전달하는 능력을 지니고 있어야 한다. 전달하는 정보와 진행하는 프로그램의 성격에 따라 때로는 진지하게, 때로는 감동적으로, 때로는 흥미를 유발하는 방식으로 전달하여 대중이 정보를 쉽게 이해하고 공감할 수 있도록 해야 한다.

여러 성향의 사람과 다양한 상황에서 대화를 나누어야 하는 아나운서는 대화를 원활하게 이끌어 갈 줄 알아야 한다. 적절하고 필요한 질문을 하고 상대방의 발언을 경청하면서 대화를 주도할 수 있는 능력을 길러야 한다. 이를 위해서는 타인에게 공감하고 교감하는 것이 중요하다.

아나운서는 프로그램의 진행자로서 무대를 장악하는 능력을 길러야 한다. 무대 위에서 자신감 있게 리더십과 카리스마를 발휘하여 출연자와 청중을 끌어들이는 능력이 필요하다. 많은 사람이 지켜보는 무대에서는 누구나 긴장하게 마련인데, 그 상황에서도 침착하게 대처할 수 있는 것이 중요하다.

오늘의 뉴스를 명확하고 생생하게 전달하거나, 웃음과 감동을 담아내는 인터뷰를 진행하고, 편안한 대화로 대중에게 진솔하게 감정을 전하고 공감을 유도하는 아나운서는 소리와 언어가 매력적인 조화를 이루었을 때 얼마나 큰 울림을 주는지 잘 보여 준다.

진로 찾기 **방송 작가**

텔레비전 드라마는 배우가 대본에 따라 연기를 하면서 전개되는 이야기라는 것을 모르는 사람은 없을 것이다. 하지만 예능 프로그램 같은 경우는 왠지 대본 없이 자연스럽게 발생하는 상황을 촬영해 보여 주는 것처럼 느껴진다. 사실, 드라마뿐 아니라 방송의 모든 프로그램은 기본적으로 대본을 통해 미리 구성된 이야기를 전달한다. 방송에서 제공되는 이야기의 토대가 되는 대본, 즉 진행 원고를 작성하는 사람을 방송 작가라고 한다.

넓은 의미의 방송 작가에는 극작가나 각본가라고 부르는 드라마 작가가 포함되지만, 우리가 흔히 방송 작가라고 할 때는 오락, 교양, 예능 등 다양한 방송 프로그램의 진행 원고를 작성하는 구성 작가를 가리킨다.

104   유튜브가 우리에게 없었다면

라디오 프로그램 DJ가 전하는 감성적인 사연, 예능 프로그램에서 발생하는 다양한 상황과 재미있는 대화, 교양 프로그램 진행자의 전문적이고 조리 있는 의견 등 우리가 즐겨 소비하는 방송 프로그램의 흥미롭고 멋진 이야기들은 방송 작가의 손에서 탄생한다. 방송 작가가 하는 핵심적인 업무는 프로그램을 이끌어 가는 이야기 원고를 작성하는 것이지만, 그 외에도 방송 작가가 하는 일은 많다.

방송 작가는 PD와 긴밀히 협의해 프로그램의 내용과 성격을 기획하고, 프로그램에서 다룰 주제를 선정하며, 제작에 필요한 다양한 자료를 수집해 정리한다. 인터넷에서 떠도는 재미있는 사연을 수집하고 당사자에게 연락해 세부 정보를 얻어 정리한다거나, 방송 내용과 관련된 책을 읽고 전문가에게 의견을 구하기도 한다. 이런 자료들을 모아 프로그램의 구체적 내용을 담은 원고를 작성한다. 프로그램 제작 과정에서는 순조로운 진행을 위해 출연자들을 돕기도 하고 즉석에서 원고를 수정하기도 한다. 촬영지나 출연자를 섭외하는 것도 방송 작가가 하는 주요한 일 중 하나이다. 방송 작가가 프로그램의 재미를 위해 돌발적으로 프로그램에 출연하는 일도 종종 일어난다.

방송 작가는 프로그램의 주제와 분위기에 따라 필요한 다양한 아이디어를 얻기 위해 고민하며, 그것을 흥미로운 이야기로 발전시키기 위해 노력한다. 예능 프로그램의 경우, 캐릭터와 상황을 설정하고 출연자들의 대화와 행동을 정교하게 구성하여 시청자들이 쉽게 공감하고 즐길 수 있도록 만든다. 이것은 방송 작가가 다양한 상황에서 웃음과 감동을 어떻게 유발할지를 고민한 결과이다.

방송 작가가 되기 위해서는 다양한 역량과 노력이 필요하다. 우선, 창의성과 상상력이 필요하다. 새로운 아이디어를 생각해 내고 이를 흥미로운 이야기로 구성해 내야 하기 때문이다.

스토리텔링 능력도 방송 작가에게 필요한 역량이다. 적절한 대사, 묘사, 대화, 행동 등을 통해 이야기를 구성하고 잘 풀어 나가는 능력이 필요하다. 시작부터 끝까지 일관된 흐름과 긴장감 있는 전개를 만들 수 있어야 한다. 때로는 문학적인 기법을 활용하여 감정과 분위기를 표현할 수 있어야 한다.

방송 작가는 일반적으로 팀을 이뤄서 활동하기 때문에 팀워크와 협업 능력도 중요하다. 자신의 아이디어를 명확하게 표현하고 다른 팀원들과 원활하게 협력할 수 있어야 한다. 동료 방송 작가 외에도 PD, 연예인, 일반인 출연자 등 다양한 사람들과 소통하고 협력해야 한다.

또한, 업계와 사회의 최신 동향과 유행을 읽는 감각, 대중의 반응을 분석하고 예측할 수 있는 능력을 갖추어야 한다. 대중의 취향과 관심에 부응하는 프로그램을 구성하기 위해서는 항상 현재의 트렌드를 파악하기 위해 노력해야 한다.

마지막으로, 프로그램을 제작하는 일은 시간에 쫓기는 경우가 많다. 방송 작가는 프로젝트의 일정과 마감 시간을 지킬 수 있도록 시간을 효율적으로 분배하고 관리하는 능력을 갖출 필요가 있다.

방송 작가는 라디오와 텔레비전에서 소개되는 매력적인 이야기를 구성할 뿐 아니라 그 이야기가 실제로 구현될 수 있게 다양한 실무를 처리한다. 방송 프로그램의 겉모습은 화려해 보이지만, 뒤에서는 많은 방송 작가가 대중에게 감동과 웃음, 재미, 정보를 전달하기 위해 애쓰고 있다. 화려한 무대 뒤에서 묵묵히 고생하는 방송 작가 덕분에 라디오와 텔레비전의 세계는 더욱 풍요로워진다.

3장

미디어를 보다
시각 미디어

판스워스는 텔레비전이 교육과 계몽의
도구가 되리라 생각했지만, 결국 오락과 선전의 수단으로
이용되는 것을 보고 실망감을 감추지 못했다.

캄캄한 세계의 한 줄기 빛, 카메라

카메라는 '카메라 옵스큐라camera obscura'라는 라틴어에서 생겨난 말이다. '캄캄한 방'이라는 뜻이다. 방의 창문을 검은 종이로 모두 가려 빛이 전혀 들어오지 않게 만든 후에 창문을 가린 종이에 작은 구멍을 뚫으면 구멍으로 빛이 새어 들어온다. 이 빛은 넓게 퍼지면서 반대편 벽에 닿게 되는데, 이때 벽에는 바깥의 풍경이 거꾸로 비치게 된다. 이것은 빛의 광학적 속성으로 인해 발생하는 자연적인 현상이다.

이 현상은 이미 수천 년 전부터 알려져 있었다. 여기서 아이디어를 얻어, 작은 상자 모양의 카메라 옵스큐라를 만들고 구멍에 렌즈를 장착해 좀 더 선명한 영상을 포착해 낸 것이 바로 우리가 아는 카메라다.

손안에 들어온 카메라 옵스큐라

일반인이 사용할 수 있는 대중적인 카메라와 사진은 1839년 프랑스에서 발명되었다. 카메라 옵스큐라에 포착된 영상을 종이나 금속, 필름 등으로 된 감광판 위에 고정해 멈춰 있는 이미지를 얻는 기술을 사진술이라고 한다. 여기서 나아가 영화는 연속적으로 촬영된 사진을 영사기를 이용해 스크린에 투사함으로써 움직임을 재현하는 영상이다.

과거에는 사진을 촬영하는 카메라와 영화를 촬영하는 카메라가 명확히 구분되어 있었다. 하지만 디지털카메라가 등장하면서 하나의 카메라로 사진과 동영상을 모두 촬영할 수 있게 되었다.

디지털카메라 중 가장 많이 사용되는 것은 DSLR 카메라인데, 최근에는 스마트폰의 영상 촬영 기술이 발달하면서 누구나 쉽고 간단하게 좋은 화질의 사진과 동영상을 촬영할 수 있는 시대가 되었다.

> **DSLR 카메라**
>
> 디지털 일안 반사식Digital Single-Lens Reflex 카메라. 하나의 렌즈로 들어온 빛을 카메라 내부에 있는 거울에 반사해 보면서 영상을 촬영하는 카메라라는 뜻이다.

디지털카메라와 스마트폰 카메라는 렌즈로 들어온 빛을 이미지센서로 기록하는 장치이다. 카메라 렌즈도 중요하지만, 영상의 화질에 그보다 결정적인 영향을 미치는 것은 이미지센서의 민감도와 안정성이다. 스마트폰 카메라는 DSLR과 같은 디지털카메

1826년 프랑스의 조세프 니세포르 니에프스가 집 창밖을 찍은 세계 최초의 사진

라에 비해서는 화질이 떨어질 수밖에 없는데, 가장 큰 이유가 바로 스마트폰의 이미지센서가 디지털카메라의 이미지센서보다 작기 때문이다.

우리가 일상적으로 사용하는 스마트폰 카메라는 셔터를 누르기만 하면 가장 좋은 사진을 촬영할 수 있도록 모든 것이 자동화되어 있다. 하지만 알고 보면 스마트폰 카메라도 수동 조작이 가능하다. 카메라 애플리케이션에서 '수동manual'이나 '프로' 기능을 선택하면 초점 거리, 노출 등을 직접 조작할 수 있다. 또는 전문 카메라 애플리케이션을 다운로드해서 사용할 수도 있다.

셔터 속도와 조리개의 마법

좋은 사진을 촬영하기 위해 가장 중요한 것은 적정한 노출과 정확한 초점이다. 노출을 결정한다는 것은 카메라로 들어오는 빛의 양을 조절하는 일이고, 초점을 맞춘다는 것은 촬영 대상의 모습이 영상에 또렷이 나타나게 하는 일이다.

카메라에서 노출을 결정하는 두 가지 중요한 요소가 있다. 바로 셔터 속도와 조리개 수치이다. 셔터 속도는 감광판이 빛에 노출되는 시간을 의미한다. 셔터 속도가 500분의 1초라면 500분의 1초 동안 감광판에 빛이 닿았다는 의미이다. 조리개 수치는 빛이 들어오는 렌즈의 조리개가 열린 정도를 의미한다. 조리개가 넓게 열려 있다면 빛이 많이 들어올 것이고 조리개 구멍이 좁다면 빛이 적게 들어올 것이다. 조리개 수치는 모두 f로 표시하는데, f 뒤의 수치가 작을수록 조리개가 많이 열린 것이다.

셔터 속도가 빠를수록 움직이는 물체를 정지된 상태로 더 선명하게 촬영할 수 있다. 극단적으로 빠르다면 날아가는 총알도 선명하게 촬영할 수 있을 것이다. 반면에 셔터 속도가 느릴수록 움직이는 물체는 윤곽이 흐려진다. 수 시간에 걸친 아주 긴 셔터 속도라면, 밤하늘 별이 북극성을 중심으로 원을 그리며 움직인 흔적도 사진으로 기록할 수 있다.

ISO와 화질의 관계

조리개와 셔터 속도를 이용하지 않고, 이미지센서의 감도를 조작하는 방식으로 영상의 노출을 조정하는 장치를 ISO라고 한다. ISO 수치가 높으면 빛에 예민하게 반응하기 때문에, 적은 양의 빛으로도 밝은 사진을 얻을 수 있다.

빛이 적은 실내나 밤에도 인공조명을 사용하지 않고 스마트폰 카메라로 비교적 밝은 영상을 촬영할 수 있는 이유는 카메라에서 자동으로 ISO 수치를 높게 설정해 사진을 촬영하기 때문이다.

ISO 수치가 높으면 어두운 곳에서도 밝은 사진을 촬영할 수 있는 대신에 화질이 나빠진다. 즉, 고감도로 갈수록 노이즈가 발생해 색의 채도나 화질이 나빠지는 것이다.

반대로 ISO 수치가 낮을수록, 즉 저감도로 갈수록 색감이 더 풍성해지고 화질이 더 좋아진다. 디테일을 잘 표현하는 사진을 촬영하고자 한다면 빛이 풍부한 조건에서 ISO 수치를 낮게 설정해 촬영하는 것이 좋다.

스마트폰에 포함된 다양한 디지털 기술 덕분에 오늘날 우리는 한 번의 터치로 대부분 훌륭한 사진을 얻을 수 있다. 하지만 카메라는 인간의 눈처럼 정교하지 않기 때문에 촬영상 문제가 발생할 가능성은 언제나 있다. 카메라 촬영의 기본적 원리와 지식을 알고 있으면, 문제를 파악하고 빠르게 수정할 수 있을 뿐 아니라 다양한 광학적 효과를 이용한 영상을 제작하기도 쉬워질 것이다.

세상을 바꾼 사진 한 장

1972년 6월 8일, AP통신 사진기자 닉 우트는 남베트남의 어느 길 위에 서 있었다. 그의 눈앞으로 한 여자아이가 고통에 울부짖으며 달려오고 있었다. 당시 남베트남의 수도였던 사이공현재 이름은 호찌민으로부터 60여 킬로미터 떨어져 있는 한 마을 위를 날아가던 전투기가 네이팜탄을 떨어뜨린 것이다. 마을은 순식간에 불탔고 살아남은 사람들은 마을 밖으로 달렸다.

닉이 마주친 여자아이는 불붙은 옷을 벗어 던져서 알몸 상태였다. 닉은 정신없이 카메라 셔터를 누르고 나서 소녀를 자세히 살펴봤다. 소녀의 등은 심한 화상으로 피부가 녹아 있었다.

소녀의 이름은 킴 푹이었다. 생명이 위독했던 킴은 그 후 여러 차례 수술을 받아 다행히 살아남을 수 있었고 평화와 인권을 위해 일하는 사회운동가로 성장했다.

전쟁에 제동을 건 사진 한 장

닉은 킴을 병원에 데려다준 후 사이공에 있는 통신사 사무실로 복귀했다. 그리고 검은 연기를 뒤로한 채 울부짖으며 달리던 아이들의 사진을 인화했다. 사실 처음 사진을 본 편집자들은 소녀의 알몸이 고스란히 드러난 사진을 공개하기를 꺼렸다. 그러나 힘없는 아이에게까지 고통을 주는 전쟁의 무자비함을 고발하는 사진의 메시지를 무시하기 힘들었다. 이틀 후, 이 사진은 세계 주요 신문의 1면을 차지했다. 이 사진을 통해 베트남 전쟁의 참상이 사람들에게 알려졌다. 사진은 당시 거세게 일어나고 있던 반전 운동의 불길에 기름을 붓는 역할을 했다.

반전 여론에도 전쟁을 멈추지 않고 있던 미국 정부는 이 사진이 일으킨 파장에 크게 당황했다. 당시 미국 대통령 닉슨은 1972년 6월 12일, 백악관 집무실에 앉아 닉 우트가 촬영한 사진을 보면서 조작된 사진이 아닌지 의심스럽다고 말했다. 베트남 전쟁의 참혹한 실상을 폭로하면서 미국 행정부를 궁지에 몰아넣은 이 사진은 세상을 바꾼 사진 중 하나로 기억된다.

민주화를 앞당긴 사진 한 장

1987년 6월 9일, 연세대학교 정문 앞에서는 당시 전두환 독재 정권에 맞서 민주주의를 요구하는 학생들이 시위를 벌이고 있었다. 시위 중이던 대학생 이한열이 오후 4시 40분경 경찰이 발사한 최루탄에 뒤통수를 맞고 쓰러졌다. 마침 그 자리에 있던 동료 학생이 쓰러진 이한열을 부축해 일으켰다. 교문 앞에서 시위를 취재하던 로이터통신 사진기자 정태원이 그 모습을 촬영했다. 얼굴에 피를 흘리며 축 늘어진 이한열과 그를 힘겹게 부축하는 동료 학생의 모습을 담은 사진을 본 신문사 편집자들은 고민했다. 아직 서슬 퍼렇게 언론을 감시하던 독재 정권이 두려웠기 때문이다. 결국, 두려움을 이겨 낸 〈중앙일보〉에서 6월 11일 신문에 사진을 실었다.

이한열이 쓰러지기 불과 5개월 전인 1987년 1월에는 서울대학교 학생이었던 박종철이 국가기관에 의해 고문을 받다 사망한 사건이 있었다. 얼마 지나지 않아 또 다른 학생이 공권력에 짓밟히는 상황을 목격한 시민들은 분노했다. 독재 정권에 대한 반대 시위는 걷잡을 수 없이 커졌고 결국 6월 29일 정부는 국민의 대통령 직선제 요구를 받아들이며 사실상 항복 선언을 하게 된다. 그러나 혼수상태에 빠졌던 이한열은 결국 회복하지 못하고 7월 5일 20세의 나이로 사망했다.

이한열의 사진은 독재 정권에 맞서 민주화를 요구하던 시대를 상징하는 아이콘이 되었다. 사진이 신문을 통해 공개된 직후, 사진을 기반으로 판화가 만들어졌다. 판화는 손수건, 스카프 등으

대형 판화가 걸려 있는 이한열 열사 추모제 모습

로 제작되어 사람들에게 배포됐다. 그리고 그 판화를 확대한 대형 걸개그림이 연세대 학생회관 외벽에 걸렸다.

　피를 흘리며 쓰러진 이한열의 사진은 민주주의를 위해 투쟁하는 시대의 정신을 상징했으며, 오랫동안 지속되던 독재 정치를 끝내고 민주화를 실현하는 과정에 촉매 역할을 했다. 이 또한 세상을 바꾼 한 장의 사진이었다.

꿈의 궁전, 영화

1895년 프랑스의 발명가 뤼미에르 형제는 파리의 한 카페 지하 공간에서 최초로 영화를 상영했다. 그 이후 영화는 대중이 좋아하는 볼거리로 자리를 잡았다. 제1차 세계대전 전까지만 하더라도 영화는 대중을 위한 재미있는 볼거리였을 뿐, 예술의 한 장르가 될 수 있다고 생각한 사람은 거의 없었다.

실제로 프랑스에서는 영화 상영 공간을 노래와 춤을 즐기는 뮤직홀과 같은 오락 시설로 분류했다. 미국 대법원도 영화를 단순한 수익 사업으로 분류하고 표현의 자유를 보장하는 수정헌법 제1조의 보호를 받지 않는 것으로 판단했다.

1896년 뤼미에르 형제 영화의 최초 공개 상영 포스터

영화를 예술이게 하는 것

영화를 예술로 분류하려는 시도는 1910년대에 나타났다. 셰익스피어의 작품과 같은 유명한 연극들을 영화로 제작하고 명성이 높은 연극배우들이 영화에 출연하면서 영화에 대한 평가가 바뀌기 시작했다. 1911년 이탈리아 출신의 프랑스 영화평론가였던 리치오토 카뉘도는 영화를 건축, 조각, 회화, 음악, 시에 이어 '제6의 예술'이라고 불렀다. 훗날 그는 제6의 예술 자리에 무용을 추가

하고 영화는 '제7의 예술'이라고 선언했다. 영화는 공간의 예술_건축, 조각, 회화과 시간의 예술_{음악, 시, 무용}을 종합한 예술로 평가되었다.

1920년대부터 다른 예술 장르와는 다른 영화만의 문법과 기술이 조금씩 개발되고 발달하면서 영화는 단순한 매스미디어 상품으로만 머물지 않고 점차 인간의 감정과 사회적 이념을 표현하는 예술의 한 장르로 발전해 나갔다.

영화를 다른 예술 장르와 차별화하는 대표적인 표현 기법이자 기술은 카메라의 움직임과 편집이다.

편집은 서로 다른 장면을 촬영한 컷^{cut}을 이어 붙여 연결하는 작업이다. 1920년대에 소련의 영화감독 레프 쿨레쇼프는 무표정한 얼굴의 배우를 촬영한 컷에 아이의 관을 촬영한 컷, 소녀의 컷, 식탁에 놓인 음식의 컷을 각각 이어 붙이면 배우가 특별한 연기를 하지 않더라도 표정이 저마다 다르게 보인다는 것을 보여 주었다. 이것은 편집이 영화의 의미를 만드는 핵심 기법이라는 것을 알려 준 중요한 실험이었다. 지금도 영화는 편집의 예술이라고 불릴 정도로 이야기가 전개되는 과정에서 편집이 미치는 영향력이 크다.

카메라 움직임은 영화의 이야기를 드러내는 구체적 기술이다. 1940년대 프랑스의 영화평론가들은 '카메라-스틸로^{camera-stylo}', 즉 '카메라-펜'이라는 개념을 만들었다. 작가가 펜으로 글을 쓰듯이, 영화감독은 카메라를 펜처럼 사용해 영화의 모든 시청각 요소를 표현하고 통제하는 작가의 역할을 한다는 뜻이다.

노련한 카메라 움직임은 이야기를 진행하고 장면의 긴장감을 높이는 디테일을 드러낼 수 있다. 카메라가 천천히 나아가고, 빠지고, 돌아서고, 회전하는 등의 움직임은 영화에 운동 에너지를 제공한다. 카메라가 인물의 일부를 화면에 크게 나타내는 클로즈업은 배우의 연기를 강조할 수 있으며 인간 감정의 세밀한 영역을 보여 준다.

카메라 움직임과 편집을 통해 영화는 사람, 사물, 장소의 특정한 측면을 보여 주면서 새로운 의미를 만들어 낼 수 있다. 1924년 프랑스 영화 제작자였던 장 엡스탱은 영화에 의해 강조되고 강화된 사람이나 사물, 어떤 존재의 특정한 측면을 '포토제니photogenie'라고 불렀다.

꿈을 좇는 예술이자 거대한 산업

영화를 통해 우리는 현실에서는 볼 수 없는 세계를 탐험할 수 있다. 우리의 문화 밖에 있는 다른 문화를 볼 수 있고, 우리의 시대와는 다른 역사적 장소를 답사할 수 있으며, 우리의 우주에서 멀리 떨어져 있는 다른 세계에 대한 상상력과 통찰력을 얻을 수 있다.

영화는 꿈을 보여 주는 미디어이기도 하다. 상상과 환상을 자유롭게 표현하며, 관객들에게 꿈과 희망의 세계를 제공한다는 의미에서 꿈의 언어로 만들어진 꿈의 궁전이라고 불리기도 한다.

영화는 대중을 현실에서 벗어나 자유로운 상상의 세계로 이끌어 감으로써 새로운 경험과 감정을 선사한다. 영화는 시간과 공간을 자유롭게 조작하며, 특수효과, 카메라 움직임, 음향, 편집 등을 통해 관객에게 현실을 초월하는 경험을 제공한다.

실제로 영화를 관람하는 과정은 마치 꿈을 꾸는 것과 비슷한 경험이다. 어두운 공간, 고정된 좌석, 영상으로 밝게 빛나는 거대한 스크린, 귀를 압도하는 생생한 음향 등이 꿈을 꾸는 듯한 느낌을 준다.

또한 영화는 현실에서는 표현하기 어려운 우리의 감정과 욕망을 자유롭게 표현하고, 우리에게 희망과 동경의 대상을 제공한다. 영화 속 이야기와 캐릭터들은 우리가 꿈꿔 왔던 것들을 구체화하고, 우리에게 용기와 동기를 부여하며 우리의 감정을 자극한다.

그래서 영화사는 '꿈을 만드는 공장'이라고도 불린다. 특히 미국의 할리우드 영화사들은 대중에게 가난하고 고달픈 현실에서 벗어나 풍요와 행복을 맛보는 꿈을 만들어 파는 공장으로 통했다. 현실에서 고통받는 대중은 잠시나마 현실을 잊고 꿈을 꾸게 하는 영화라는 상품을 기꺼이 소비한다.

영화는 예술의 한 장르로 인정되지만 동시에 대중에게 대량으로 판매되는 매스미디어 상품이기도 하다. 상업적인 영화 제작에는 많은 자본과 인력이 투입된다. 막대한 제작비를 회수하고 수익을 창출하기 위해서 영화사는 대중이 좋아할 만한 이야기를 영화로 만들고 광고, 배급, 상영 등의 상업적인 활동을 체계적이고 합리적으로 조직한다. 관객들에게 오락과 즐거움을 제공하면서 동시에 수익을 창출하여 다음 영화 제작에 투자함으로써 영화 산업을 지속시킨다.

요컨대, 영화는 예술이자 상품이다. 감독과 배우들은 영화를 통해 감정, 아이디어, 철학, 문화적인 메시지 등을 표현하며, 예술적인 표현과 창작의 자유를 추구한다. 영화는 명작이나 실험적인 작품을 통해 시대의 예술적 흐름을 반영하고, 문화적인 영향력을 행사한다. 하지만 영화 제작에는 막대한 비용이 들기 때문에 제작비를 회수하지 못한다면 영화 산업이 유지되기 어렵다. 따라서 대중의 취향과 관심을 반영하는 상업적인 영화, 대중의 인기를 먹고 사는 스타 배우, 그리고 대규모 흥행 영화를 제작하는 감독들이 항상 사회적 화제의 중심에 서 있다.

스토리텔링 미디어의 계보를 잇다

영화가 발명 이후부터 지금까지 때로는 예술 작품으로, 때로는 미디어 상품으로 꾸준히 대중의 사랑을 받아 온 이유는 무엇일까? 가장 큰 이유는 아마도 영화가 이야기를 전달하는 스토리텔링의 미디어이기 때문일 것이다.

스토리텔링은 인류의 역사와 함께 지속되어 온 가장 인간적인 활동이다. 신화, 설화, 민담, 구전 가요, 판소리, 동화, 소설에 이

르는 다양한 미디어가 스토리텔링의 도구로 대중의 사랑을 받아
왔다. 영화는 이런 스토리텔링 미디어의 계보를 잇는다.

영화는 흥미롭고 다양한 이야기를 통해 우리에게 새로운 세계
와 경험을 제공하고 감정과 상상력을 자극한다. 영화의 이야기
는 대중에게 인간과 사회를 보는 새로운 시각과 통찰을 제공하
여 더욱 흥미롭고 다양한 경험을 할 수 있게 해 준다. 우리는 영
화 속 캐릭터들의 여정과 갈등, 성장의 이야기에 공감하는 동안
우리 자신의 감정과 경험도 풍부하게 만들 수 있다.

더구나 영화의 이야기는 시청각적 재미와 즐거움을 준다. 큰
스크린과 풍부한 음향 효과는 몰입감을 제공하고, 아름다운 영상
과 색감, 카메라의 역동적 움직임은 시각적으로 매력적인 경험을
선사한다.

영화의 이야기는 매력적인 배우들의 연기와 훌륭한 감독의 연
출을 통해 전달된다. 배우들은 캐릭터를 현실성 있게 연기함으로
써 감정을 전달하고 대중과 공감을 형성한다. 또한, 감독의 예술
적인 선택과 스타일은 영화에 독특한 매력을 부여한다.

영화는 사회문제, 역사적 사건, 도덕적인 고민 등 다양한 주제
를 다루며 대중에게 사회적 영향력을 행사한다. 영화를 통해 대
중은 사회적·윤리적 문제들을 접하고 생각하는 시간을 가질 수
있다. 나아가 영화는 특정 주제에 대한 깊은 대화와 토론, 사회적
인식의 변화를 이끌어 낼 수 있다.

영화는 대중에게 재미와 감동을 선사하면서 오랜 시간 동안 사회문화적으로 중요한 매스미디어의 위치를 차지해 왔다. 텔레비전의 등장으로 위기에 빠지기도 했지만, 영화는 텔레비전보다 더 뛰어난 영상과 음향을 구현하고 영화관에서의 특별한 여가 활동이라는 재미를 제공하면서 계속 사랑받고 있다.

텔레비전은 전쟁도 멈출 것이다?

1921년, 미국 서부의 농촌에 살던 14세 소년 필로 판스워스는 말이 끄는 써레로 감자밭을 경작하고 있었다. 그러다 나란히 늘어선 밭고랑을 보고 어떤 아이디어가 떠올랐다. 밭을 갈 때와 마찬가지로 영상을 전자빔의 형태로 한 줄씩 나누어서 전송할 수 있겠다는 생각을 한 것이다. 그는 이 아이디어를 "병에 빛을 담는 작업"이라고 불렀다.

텔레비전을 발명한 농사꾼 청년

1906년 유타주의 통나무 오두막에서 태어난 판스워스는 매일 말을 타고 6km 넘는 거리의 학교로 통학했다. 에디슨과 벨을 존경했던 판스워스는 전기 장치에 관심이 많았다. 그가 다니던 학교의 화학 교사였던 저스틴 톨만은 판스워스가 '다른 학생들이 팝콘을 먹어 치우듯' 전기 관련 책들을 읽어 치웠다고 회상했다.

밭고랑을 보고 텔레비전에 대한 아이디어를 갖게 된 판스워스는 곧장 톨만에게 가서 칠판과 종이에 자기의 아이디어를 설계도로 그려 보여 줬다. 세계 최초 전자식 텔레비전의 아이디어가 구체적인 모습을 드러낸 것이다. 평생 그 종이를 간직했던 톨만의 증언으로 판스워스는 훗날 텔레비전 특허권 소송에서 승리할 수 있었고 텔레비전의 발명가로 인정받았다.

14세 때 갖게 된 텔레비전에 대한 아이디어를 계속 발전시킨 판스워스는 1926년 로스앤젤레스에 있는 자신의 아파트에서 전자관 발광 실험을 하다가 장비를 폭발시키는 사고를 일으키기도 했다. 이웃 주민들은 당시 술을 만들거나 파는 행위를 금지한 금주법이 시행되던 상황에서 판스워스가 몰래 술을 만들다 사고를 일으킨 줄 알고 경찰에 신고했다고 한다.

1927년 판스워스는 최초로 전자식 텔레비전 영상을 전송하는 데 성공했다. 당시 그의 나이는 불과 20세였다.

텔레비전은 '멀다'라는 의미의 라틴어 tele와 '본다'라는 뜻의 vision의 합성어로, 말 그대로 해석하면 '멀리서 보는 것'이라는 뜻이다. 이 어원처럼 텔레비전은 전기와 전파를 이용해서 영상을 멀리 떨어진 곳에 있는 수상기로 전송해 시청할 수 있게 하는 장치이다. 전자 영상을 수많은 화소로 이뤄진 평행선주사선으로 분해

한 다음, 각 줄에 늘어서 있는 화소들을 전기 신호로 변환해 순서대로 전송하는 방식으로 작동한다. 마치 쟁기로 밭고랑을 연속적으로 갈 듯이, 주사선을 따라 화소들이 점멸하며 이동하면서 영상을 만들어 내는 것이다.

라디오와 영화가 결합한 상상 속 미디어

텔레비전 발명에 기여한 것은 판스워스뿐이 아니다. 1920년대는 14세 소년 판스워스가 텔레비전 장치를 구상할 정도로, 텔레비전을 발명하고자 하는 움직임이 활발히 일어나고 있었던 시대다. 라디오와 영화가 이미 대중적인 인기를 끄는 매스미디어로 자리를 잡았기 때문에, 사람들은 그 두 가지가 결합한 새로운 미디어를 상상할 수 있었다.

영국에서는 1923년부터 존 배어드가 기계식 텔레비전을 개발하고 있었다. 1925년 그는 런던의 한 백화점에서 자신이 만든 텔레비전 장치로 전송한 영상을 대중에게 최초로 공개했다. 1927년에는 700km 떨어진 곳에 텔레비전 영상을 전송하는 데 성공했다. 하지만 그의 기계식 텔레비전은 곧 전자식 텔레비전으로 대체되었다.

미국에서는 전자 제품 제조 기업이었던 RCA의 주도로 텔레비전이 발명되고 있었다. RCA의 기술자였던 블라디미르 즈보리킨이 텔레비전의 발명과 기술 개발을 지휘했다. RCA는 텔레비전

초기의 기계식 텔레비전 소개가 실린 잡지 페이지

발명의 특허권과 관련해 판스워스와 법정 소송을 벌였지만 결국 법원은 판스워스의 손을 들어 주었다.

발명가가 텔레비전에 기대했던 것

1920년대 후반에 발명된 텔레비전이 기술 발전과 개량을 거듭한 끝에 본격적으로 방송을 시작한 것은 1930년대 중반 이후부터이다. 1936년에 열린 베를린 올림픽은 텔레비전으로 중계된 최초의 세계적인 행사였다. 그해 11월에는 영국의 BBC에서 최초의 정규 텔레비전 방송을 시작했다.

1939년 뉴욕에서 열린 세계박람회, 즉 뉴욕 엑스포 개막식에서 당시 RCA의 사장 데이비드 사르노프는 "우리는 이제 소리에 영상을 더하게 되었다"라고 선언하면서 텔레비전을 대중에게 공개했다. 텔레비전 방송이 본격적으로 시작되었음을 알린 사건이었다.

사르노프는 텔레비전이 모든 가정에 보급되어 사람들에게 정보와 문화를 제공하는 중요한 미디어가 될 것이라고 말했다. 판스워스도 처음에는 텔레비전이 세계를 더 나은 상태로 바꿀 긍정적 힘을 가지고 있다고 생각했다. 그는 우리가 텔레비전을 통해 다른 나라 사람들을 보고 차이점에 대해 배울 수 있다면 오해는 생기지 않을 것이며 전쟁도 과거의 일이 될 것이라 말했다.

> **냉전**冷戰
>
> 직접 무력을 쓰는 전쟁과 달리, 경제나 외교 등의 면에서 국제적으로 대립하는 것. 특히 제2차 세계대전 이후 1990년 소련이 해체되기 전까지 미국자본주의과 소련공산주의을 중심으로 한 대립을 가리킨다.

하지만 판스워스의 기대와는 달리 텔레비전은 점점 상업화되고 오락의 수단이 되었을 뿐 아니라 제2차 세계대전과 냉전을 거치면서 정치적 선전 도구로 사용되었다. 판스워스는 텔레비전이 교육과 계몽의 도구가 되리라 생각했지만, 결국 오락과 선전의 수단으로 이용되는 것을 보고 실망감을 감추지 못했다.

광고도 미디어라고?

매년 크리스마스가 되면 빨간 털옷을 입고 풍성한 흰 수염을 기른 뚱뚱한 할아버지가 사람 좋아 보이는 미소를 머금고 굴뚝을 타고 내려온다. 그는 아이들에게 줄 선물을 몰래 거실 트리 밑에 두고 간다. 크리스마스가 되면 아마도 전 세계 어린이들이 기다릴 이 할아버지의 이름은 산타클로스이다.

'빨간 옷을 입은 뚱뚱한 할아버지'의 모습을 미국을 비롯한 전 세계 산타클로스의 전형적 이미지로 굳히는 데 결정적 역할을 한 것은 바로 코카콜라 광고이다.

산타클로스의 '이미지'는 어떻게 생겨났을까

1931년 코카콜라 회사는 삽화가인 해던 선드블롬에게 크리스마스 시즌에 공개될 광고에서 사용할 산타클로스의 모습을 그려 달라고 의뢰했다. 선드블롬은 바로 우리가 아는 산타클로스의 모습을 만들어 냈고 지금까지 코카콜라 광고에서 사용되고 있다.

코카콜라 광고의 산타클로스가 등장하기 전에 산타클로스는 여러 다른 모습으로 재현되었다. 빨간 옷을 입은 통통한 몸매일 때도 있었지만 푸른 옷을 입기도 하고 호리호리한 몸을 갖고 있기도 했다.

하지만 코카콜라 광고에 등장한 산타클로스의 모습이 대량으로 사용되면서 대중에게 쉽게 기억되었고, 다양한 영화와 만화 등에서 재사용되면서 산타클로스의 전형적인 이미지가 되었다. 이제는 코카콜라 광고가 퍼뜨린 모습과 다른 산타클로스는 상상하기 어렵다. 이처럼 광고는 단순히 상품을 판매하기 위한 수단을 넘어서 사회와 문화에 영향을 끼치는 힘을 갖고 있다.

광고는 상품, 서비스, 브랜드, 행사 등에 대한 정보나 이미지를 제공해 그에 대한 대중의 태도를 바꾸려 하는 행위이다. 광고는 상품이나 서비스 판매와 관련한 다양한 경제활동에서 중요한 역할을 하기에 아주 오래전부터 존재해 왔다. 시장에서 "골라, 골라"라고 외치는 호객 행위, 상품이나 가게의 이름을 적어 놓은 간판 등은 옛날부터 있었던 기초적인 광고 미디어라고 할 수 있다.

1821년에 출판된 시 〈기쁨으로 가득한 늙은 산타클로스〉의 삽화

광고, 미디어를 먹여 살리다

신문과 같은 인쇄 미디어가 등장하면서 광고는 미디어 생태계에서 필수적인 요소가 되었다. 미디어는 광고를 실어 주고 광고주에게서 돈을 받아 운영비로 쓴다. 미디어가 광고비를 넉넉히 받을수록 대중은 미디어 콘텐츠를 더 저렴하게, 혹은 무료로 이용할 수 있다. 광고가 없다면 우리는 모든 신문, 라디오, 텔레비전, 소셜 미디어, 1인 미디어 등을 이용하기 위해 꽤 많은 돈을 내야

할 것이다.

19세기 미국의 대중신문은 가격이 1센트[페니]밖에 되지 않아 '페니 신문'이라고 불렸다. 이 또한 대중신문이 광고료로 운영비를 충당했기에 가능한 일이었다.

광고료는 신문의 판매 부수에 비례해 결정되기 때문에, 신문사가 더 많은 광고비 수입을 올리기 위해서는 많은 사람의 관심과 흥미를 끌 수 있는 내용을 기사로 다루어야 했다. 대중신문이 선정적인 기사로 가득 찬 황색 언론이 될 수밖에 없었던 것은 바로 이런 이유에서였다.

미디어는 광고주와 소비자라는 두 개의 시장을 갖고 있다. 일반 대중에게 콘텐츠를 판매하는 동시에, 광고주에게도 지면이나 방송 시간을 판매한다는 뜻이다. 미디어는 대중이 좋아할 만한 콘텐츠를 제작해 가능한 한 많은 소비자에게 팔고 그렇게 확보된 소비자 수를 광고주에게 팔아 광고료를 받는 방식으로 운영된다. 예를 들어, 유튜브 채널에 올린 콘텐츠를 많은 사람이 보게 될수록 광고주로부터 받는 돈이 증가한다. 영상의 조회 수는 채널의 콘텐츠가 판매되는 양이면서 동시에 광고주가 광고비를 지불하는 기준이 된다.

눈을 뜨고 꾸는 꿈처럼

초기의 광고는 대부분 상품이나 서비스에 대한 정보를 단순히 전달하는 내용으로 이루어져 있었다. 예를 들어, 한국 최초의 신문 광고는 1886년 2월 22일 자 〈한성주보〉에 실린 세창양행의 광고이다. 세창양행은 독일에 본사를 둔 무역 상사였다. 최초의 광고는 '덕상 세창양행 고백德商世昌洋行告白'이라는 제목으로 자신들이 취급하는 물품 목록을 적은 단순한 정보 전달 광고였다. 이후에도 대부분의 광고는 상품의 모습을 보여 주는 영상과 함께 상품의 사용 방법이나 효능을 설명하는 정보 전달형이었다.

미디어와 커뮤니케이션 기법이 계속 발달하고 소비 사회가 고도화되면서 광고도 달라졌다. 단순히 정보를 전달하는 형태에서 벗어나 소비자의 감성에 호소하고 꿈을 이야기하며 사회문화적 가치를 전달하는 형태로 진화한 것이다.

예를 들어, 애플의 광고는 컴퓨터나 스마트폰 등의 제품 성능에 대해 설명하는 것이 아니라 역사와 사회를 바꾼 위대한 천재들을 이야기하면서 "다르게 생각하라Think different"라고 말한다. 나이키의 광고는 운동화의 기능을 설명하는 대신에 운동하는 사람들을 보여 주면서 "그냥 하라Just do it"라고 말한다.

광고는 마치 눈을 뜨고 꾸는 꿈과 같다. 광고의 세계는 현실이 아니지만, 아예 몽상적인 것만도 아니다. 소비자들이 지금 사는 현실과 대단히 닮았지만, 고통과 슬픔이 없거나 치유된 완벽한 세상이다. 광고는 항상 유머, 행복, 건강, 평화, 아름다움이 가득한 세계, 즉 욕구가 충족된 세계를 보여 준다. 그렇기에 광고는 대중의 욕망이 비추어지는 스크린이라고 할 수 있다.

광고가 우리에게 보여 주는 것들

이제 광고는 단지 상품이나 서비스만을 이야기하지 않는다. 광고는 우리의 욕망과 가치, 정체성을 이야기한다. 이를 통해 광고는 우리의 삶에 많은 영향을 미친다.

광고는 환경 보호, 건강 증진, 성평등, 인권 보장 등과 관련한 공익적 내용을 전달할 수 있지만, 사회적 편견이나 과소비, 물질 만능주의 등을 퍼뜨릴 수도 있다. 예를 들어, 성차별적이거나 폭력적인 광고, 유해한 제품이나 서비스를 홍보하는 광고 등이 있을 수 있다.

광고는 한국의 고유한 문화를 발굴하고 타국의 문화를 소개할 수 있지만, 틀에 박힌 하나의 모습만을 보여 주고 편견을 강화함으로써 문화적 편향이나 왜곡을 일으킬 수도 있다.

광고는 정당이나 후보자, 정책이나 공약을 홍보하고, 사회운동이나 시민운동을 지지하거나 반대하는 내용을 전함으로써 민주주의의 발달에 기여할 수 있지만, 극단적인 메시지를 전달해서 정치적 불신이나 분열을 일으킬 수도 있다. 예를 들어, 거짓을 담은 광고, 비방이나 모욕적인 내용을 담은 광고, 특정한 이익이나 세력을 위한 광고 등이 있다.

이와 같이 광고는 우리 삶에 긍정적인 영향과 부정적인 영향을 모두 미칠 수 있다. 따라서 우리는 광고를 단순히 재미있거나 때로는 성가신 볼거리로 치부하면서 소비할 것이 아니라 비판적인 시각과 판단력을 갖춰야 한다.

세상의 중심이 된 유튜브

2005년 설립된 유튜브는 불과 몇 년 만에 세계에서 가장 인기 있고 영향력 있는 동영상 공유 플랫폼으로 성장했다. 2023년 기준, 유튜브에는 1분마다 500시간 분량의 동영상이 업로드되며 20억 명이 넘는 월간 활성 사용자가 매일 10억 시간의 동영상을 시청한다. 교육, 오락, 음악, 생활 정보, 취미 등 우리가 생각할 수 있는 거의 모든 분야의 콘텐츠가 수많은 유튜브 채널을 통해 제공되고 있다.

내가 기획하고 제작하고 배포하는 콘텐츠

유튜브는 우리의 삶에 큰 변화를 가져왔다. 유튜브를 통해 우리는 다양한 분야의 콘텐츠를 쉽게 접할 수 있게 되었고, 우리의 관심사와 취향에 맞는 채널을 구독하고 좋아하는 크리에이터와 소통할 수 있게 되었다.

유튜브는 또한 개인의 열정과 재능을 발휘할 수 있는 창구를 열어 주었다. 유튜브에서는 누구나 자신의 콘텐츠를 제작하고 공유해 수익을 창출할 수 있다. 그렇게 1인 미디어 창작자라는 새로운 직업이 등장했다.

유튜브는 1인 미디어 생태계를 구축하는 과정에서 결정적인 역할을 했다. 1인 미디어 생태계란 개인이 인터넷과 디지털 기기를 활용하여 자신만의 미디어 콘텐츠를 만들고 배포하면서 형성되는 미디어 환경을 말한다. 1인 미디어 생태계는 인터넷, 스마트폰, 소셜 미디어, 동영상 공유 플랫폼의 발달과 함께 급성장했다. 블로그 등을 통해 서서히 확산되다가 유튜브, 아프리카TV, 틱톡 등이 대중화되면서 거대한 규모로 성장한 것이다. 이제는 누구나 전문 장비, 직원 또는 중개자 없이 미디어 콘텐츠의 생산자이자 소비자로서 1인 미디어 생태계에서 활동할 수 있다.

1인 미디어 생태계에서 개인은 콘텐츠 기획자, 제작자, 편집자, 마케터 및 배포자를 포함한 여러 역할을 맡는다. 1인 미디어 창작자는 자신의 취미, 전문 지식, 경험, 의견 등을 동영상, 팟캐스트, 블로그 등의 형태로 표현하고 대중과 소통한다. 그들은 기존의 매스미디어가 중요하게 여기지 않는 소재, 주제 등을 다루면서 틈새시장을 개발하고, 다양한 분야의 콘텐츠를 제작해 경제적 이익을 얻으며 사회적 영향력을 행사한다.

1인 미디어 창작자는 일반적으로 콘텐츠의 기획, 제작, 배포를 혼자 하거나 소수의 인원만으로 처리하기 때문에, 외부 간섭 없이 자신만의 관점과 창의성을 표현할 수 있다는 장점을 갖고 있다. 게다가 콘텐츠 제작 일정을 정하거나 형식을 실험하거나 대중과 소통할 때 유연성을 발휘할 수도 있다.

하지만 혼자서 여러 역할을 동시에 처리해야 하므로 시간, 예산, 전문성 등 여러 부분에서 제약을 받는 경우가 많다. 콘텐츠의 질을 꾸준히 유지하기가 어려울 수 있고 과도한 업무로 일과 생활의 균형이 쉽게 깨질 수도 있다.

카메라 촬영과 편집에 약간의 지식이 있고 콘텐츠에 대한 기획 아이디어가 있다면 누구나 1인 미디어 생태계에 뛰어들 수 있다. 이처럼 시작은 어렵지 않지만 치열한 경쟁 속에서 쉬지 않고 꾸준히 콘텐츠를 생산해야 한다는 압박감 때문에 1인 미디어 활동을 성공적으로 지속하는 일은 쉽지 않다. 게다가 구독자 수와 조회 수를 높이는 것이 성공의 관건이기 때문에, 대중의 관심을 끌기 위해 선정적이고 자극적인 콘텐츠를 제작하려는 유혹에 빠지기 쉽다.

'숏폼'으로 세상을 장악한 1인 미디어
2020년대 이후에는 '숏폼' 콘텐츠가 1인 미디어 콘텐츠에서 차지하는 비중이 점점 늘어나고 있다. 숏폼 콘텐츠란 10분 이하의 짧은 영상 콘텐츠를 의미한다. 숏폼 콘텐츠는 언제 어디서나 스마트폰 등의 기기를 이용해서 쉽게 즐길 수 있고, 다양한 콘텐츠를 빠르게 소비할 수 있다는 장점이 있다.

숏폼 콘텐츠는 틱톡, 유튜브, 인스타그램 등의 플랫폼을 통해 제공된다. 각 서비스는 자신만의 특징과 기능을 가지고 있다. 예를 들어, 틱톡은 15초의 짧은 동영상을 제작하고 공유하는 기능을 제공하고, 음악과 춤을 활용한 '챌린지'로 인기를 끌었다. 숏폼 콘텐츠의 주요 소비자는 청소년과 청년 세대인데, 이들은 짧은 시간에 빠르게 전개되는 시각적 자극을 즐기는 경향을 보인다.

1인 미디어 생태계는 매스미디어와 대기업이 장악한 전통적인 미디어 산업에도 큰 변화를 가져왔다. 대중은 자신의 관심과 취향에 들어맞는 전문적이고 다양한 종류의 콘텐츠와 짧고 자유로운 표현이 가능한 1인 미디어 콘텐츠를 선호하는 경향이 있다. 이러한 대중의 요구에 부응하기 위해 기존의 신문사와 방송사에서도 유튜브와 소셜 미디어 플랫폼을 이용한 브랜드 채널을 운영하기 시작했다. 대표적인 채널로 일사에프, 스브스뉴스, 크랩, 비디오머그, 헤이뉴스 등이 있다.

1인 미디어 생태계는 미디어 콘텐츠의 다양성과 접근성을 높인 것은 물론 미디어 시장의 경쟁과 혁신을 이끌었다. 하지만 동시에 콘텐츠의 품질 관리, 신뢰성, 윤리, 사생활 침해, 저작권 등의 문제도 안고 있다.

1인 미디어 창작자는 경제적 이익을 추구하는 개인 사업자이지만 대중을 상대로 콘텐츠를 제작하고 배포한다는 점에서 표현의 자유와 사회적 책임의 문제를 잘 인식하고 적절하게 대처할 수 있어야 한다. 사업이든 취미든 자신의 1인 미디어 채널을 운영하는 사람이라면 콘텐츠를 제작할 때 사생활 보호나 저작권 등과 관련된 법적 문제를 고려하고, 콘텐츠의 내용과 표현 방식을 신중하게 선택해야 한다는 것이다.

마지막으로, 1인 미디어 생태계에서는 사용자들의 직접 참여가 중요하다. 1인 미디어 플랫폼에서는 사용자가 자신의 의견을 제시하고, 다른 사용자들과 소통하며, 콘텐츠를 공유함으로써 1인 미디어 생태계를 발전시킬 수 있다.

진로 찾기 **PD**

한국에서는 1990년대 이후 텔레비전을 비롯한 영상 미디어 산업이 급성장하면서, 영상 콘텐츠를 기획하고 제작하는 PD가 청소년 선호 직업 중 하나로 떠올랐다. 특히 텔레비전 드라마와 예능 프로그램이 국내뿐 아니라 해외에서도 큰 인기를 끌면서 한류를 불러일으키자 연예인 못지않게 유명한 스타 PD도 등장하는 등, PD의 인지도가 증가했다.

PD란 프로듀서Producer 또는 프로그램 연출자Program Director의 줄임말로, 방송이나 영상 콘텐츠 제작의 총괄 책임자를 의미한다. PD는 콘텐츠의 기획부터 제작, 편집, 방송 또는 공개까지의 모든 단계를 책임지기 때문에, 창의적인 아이디어와 조직 장악력, 전문적인 지식이 필요한 직업이다. 주로 라디오와 텔레비전 방송의 콘텐츠를 만드는 PD가 대중에게 더 잘 알려져 있지만, 광고 제작 전반을 책임지는 광고 PD도 있다.

PD의 역할은 다양한 콘텐츠를 기획하고 제작해서 대중에게 공개하는 것이다. 예를 들어, 텔레비전 프로그램을 제작할 경우, PD는 우선 프로그램을 기획하고 방송 작가 등과 함께 대본을 완성한다. 그리고 연기자와 출연자를 섭외한 후에 배역을 정하고 의상, 무대배경, 음악, 카메라 작업 등을 결정하기 위해 제작진과 협의하고 제작에 참여하는 모든 사람의 활동을 조정한다. 실제 제작이 시작되면, PD는 촬영 일정을 조율하고 장소 섭외, 무대배경 설치, 소품과 장비 등을 결정하며 촬영, 녹화, 편집과 후반 작업을 총지휘한다. 또한 프로그램 제작에 필요한 예산을 확보하고 지출을 집행한다.

콘텐츠 기획과 제작에서 핵심적인 역할을 하는 PD는 창의적인 아이디어와 시각을 가지고 시청자나 대중의 관심을 끌 수 있는 다양한 방법을 고민하며 콘텐츠의 질과 매력을 높이고자 노력한다. 이를 위해 대중의 취향이나 시장 흐름을 분석하고 관련 연구를 수행하여 새로운 아이디어를 개발하거나 기존 아이디어를 혁신하는 등의 작업을 한다.

또한 콘텐츠 제작은 혼자 하는 작업이 아니라 여러 사람이 참여하는 집단 작업이기 때문에 PD는 제작 팀을 지휘하고 구성원들 사이의 관계를 조율하며 제작 일정과 예산 등을 관리한다. 이 과정에서 필요한 분야의 전문가들과 협업하며 콘텐츠의 완성도를 높인다. 콘텐츠 제작에는 상당한 시간이 소요될 뿐 아니라 여러 사람이 참여하기 때문에, 제작 과정에서 예상치 못한 문제가 발생할 수 있다. PD는 돌발적인 상황에 유연하게 대처하면서도 콘텐츠를 원래 기획했던 대로 완성하기 위해 노력한다.

화려한 연예인들과 함께 재미있는 콘텐츠를 만드는 PD는 아주 멋진 직업처럼 보인다. PD가 되기 위해서는 어떤 역량이 필요할까?

PD는 새로운 방송 포맷을 개발해야 하며 같은 프로그램이라고 해도 매주 다른 내용을 만들어 내야 한다. 결국 새로운 아이디어를 계속해서 내야 한다는 뜻이다. 다양한 콘텐츠를 기획하고 남들과는 다른 방식으로 제작하기 위해서는 창의력이 필요하다.

조직력과 리더십도 PD가 가져야 할 중요한 역량이다. PD는 많은 사람이 참여하는 프로젝트를 효과적으로 관리해야 하고 팀원들을 이끄는 리더 역할을 해야 한다. 프로젝트에 참여하는 다양한 사람들과의 원활한 협업과 업무를 효율적으로 조율하는 조직 능력이 필요하다. 동시에 예상치 못한 상황이나 문제가 발생할 때 PD는 유연하게 대처하고 빠르게 문제를 해결하는 능력을 지녀야 한다.

PD는 콘텐츠 제작과 관련된 전문 지식을 가져야 한다. 영상 촬영과 편집, 대본 작성 등에 대한 기본적인 이해와 지식이 필요하며, 미디어와 엔터테인먼트 분야의 업계 흐름을 파악하는 능력도 중요하다. 이와 함께 영상 콘텐츠를 다루기 위한 뛰어난 시각적 감각과 미적 감수성을 갖고 있어야 한다.

톡톡 튀는 아이디어로 화려한 쇼나 흥미로운 드라마, 재미있는 예능 프로그램을 만드는 PD의 일은 항상 매력적으로 보인다. 아이디어와 열정, 기획 능력이 있다면 누구든지 도전해 볼 만한 가치가 있는 직업이다.

진로 찾기 **광고 기획자**

셀 수 없이 많은 광고가 각종 미디어를 통해 끊임없이 공개되고 있다. 광고는 미디어의 주요한 콘텐츠 중 하나이며 미디어가 유지되고 발전할 수 있도록 돕는 돈줄이기도 하다. 수많은 광고 중에 어떤 것은 크게 성공하고 어떤 것은 실패한다. 또 대부분은 기억에 남지 않고 사라진다. 성공한 광고는 단순히 대중의 기억에 남는 광고가 아니라, 상품이나 서비스의 매출을 크게 올리거나 인지도를 높이면서 광고주의 이익에 기여한 광고이다. 광고 자체는 대중에게 각인되었지만 실제로 매출을 올리는 데는 도움이 되지 않아 결과적으로는 실패한 광고로 기록된 것도 있다.

광고의 성공과 실패는 기본적으로 광고를 기획하고 제작한 사람의 책임이다. 어떤 광고가 세상에 등장해 성공과 실패의 길을 가는 과정에서 가장 큰 역할을 하는 사람이 바로 광고 기획자Account Executive, AE이다. 흔히 AE라고 불리는 광고 기획자는 광고주와 협의하여 광고의 전략을 수립하고, 광고 내용을 기획하고 제작해 미디어를 통해 공개한 후 대중의 반응을 조사하고 분석해 효과를 측정하는 등 광고 제작의 시작부터 끝까지 모든 과정을 관리하는 직업이다. 그래서 AE를 광고 회사의 핵심이자 꽃이라고 한다.

광고 회사는 일반적으로 상품이나 서비스를 가진 광고주를 위해 광고를 대신 집행하는 회사이다. 그래서 흔히 광고 대행사라고 부른다. 광고주는 상품이나 서비스 등을 대중에게 효과적으로 알려서 경제적 이익을 극대화하려는 목적을 가진다. 광고 대행사는 효율적인 방식으로 광고를 집행해 광고주의 요구를 최대한 충족시키기 위해 활동한다. 이 과정에서 핵심적인 역할을 하는 사람이 바로 AE이다.

AE는 광고주와의 긴밀한 협의를 통해 광고주의 필요와 요구를 파악하고 그것을 광고 제작과 집행에 최대한 반영하고자 노력한다. 동시에 상품의 특성, 시장의 현황, 소비자의 성향 등을 조사해 광고 전략을 세우고 광고 전반을 기획한다. 이용할 미디어의 특성과 효과에 대한 조사와 검토도 행해진다. 광고 전략을 세우는 과정은 객관적이고 합리적인 조사와 분석, 의사결정을 통해 이루어진다.

광고 기획을 통해 광고 내용의 방향이 정해지면 구체적인 제작 방식에 대해 크리에이티브 팀과 협의한다. 창의적이라는 뜻을 가진 크리에이티브는 광고 메시지를 기획하고 제작하는 작업 전반을 의미한다. 디자이너, 일러스트레이터, 사진가, 카피라이터, PD 등이 광고 크리에이티브를 담당하는 실무자들이다. 광고 크리에이티브 과정에서는 감성적인 창의력과 직관적인 통찰이 중요한 역할을 한다.

광고 계획이 수립된 후에는 광고주에게 보고하고 내용을 확정한 후에 광고를 집행한다. AE는 상품의 판매량이나 소비자의 반응 등을 조사해 광고의 효과를 측정하고 향후 광고의 집행 방향을 유지하거나 수정하는 등의 후속 조치를 취한다.

이처럼 AE는 하나의 광고를 집행하는 과정에서 광고주, 크리에이티브 팀, 미디어 회사 등 다양한 사람들과 소통하고 협의하면서 최적의 결과물을 만들어 내야 하는 막중한 업무를 맡는다. AE가 되기 위해서는 혁신적인 광고 콘셉트를 발굴하는 창의성과 문제 해결 능력도 중요하지만, 광고주를 비롯해 크리에이티브 팀, 미디어 등과 원활한 협업을 하기 위한 효과적인 커뮤니케이션 능력도 중요하다.

특히 광고는 전략을 세우고 기획하는 이성적이고 합리적인 과정과 콘텐츠를 만드는 감성적이고 미적인 과정을 모두 필요로 하기 때문에, AE는 전략적 사고와 마케팅 지식은 물론 미적 감각과 스토리텔링을 위한 감수성을 겸비하고 있어야 한다. 나아가 대중의 취향을 예측하면서 시대 정신을 읽는 능력이 요구된다.

창의적인 발상, 효율적인 마케팅, 소비자와의 공감을 바탕으로 브랜드의 성공을 이끄는 AE는 창의적이면서도 전략적인 설득 커뮤니케이션 행위에 관심이 있는 학생이라면 도전해 볼 만한 매력적인 직업이다.

4장

미디어를 만나다
소셜 미디어

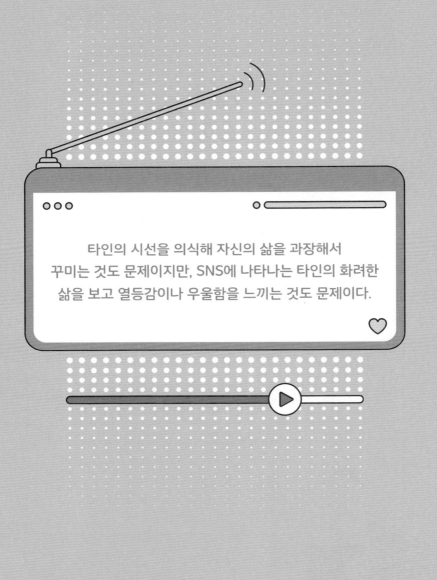

타인의 시선을 의식해 자신의 삶을 과장해서
꾸미는 것도 문제이지만, SNS에 나타나는 타인의 화려한
삶을 보고 열등감이나 우울함을 느끼는 것도 문제이다.

댓글 문화, 소통과 혐오의 줄타기

1993년, 흔히 WWW로 표현되는 월드와이드웹World Wide Web의 기술이 공개되면서 본격적인 인터넷의 시대가 열렸다. 인터넷에 접속할 때 기본적으로 제공되는 일종의 관문으로 웹 포털이 만들어졌다. 웹 포털은 초기에는 검색 서비스와 이메일 서비스만을 제공했지만, 곧 다양한 뉴스와 정보, 오락 등을 제공하는 종합 서비스 사이트로 발전했다.

포털에서 뉴스를 보기 시작한 사람들

한국에서는 1998년 야후!코리아가 뉴스 서비스를 처음 시작한 이래, 다음과 네이버 등의 포털 사이트들이 뉴스를 포함한 다양한 서비스를 제공하면서 발전했다. 언론사들은 자신의 인터넷 사이트를 홍보하고 기사를 판매해 수입을 얻기 위해 뉴스를 포털에 제공하기 시작했다. 2000년대 초반까지는 언론사의 인터넷 사이트가 제공하는 게시판을 통해 정치, 경제, 사회, 문화 등에 대해 토론하는 문화가 가능했다.

하지만 2002년 한일 월드컵과 대통령 선거를 거치면서 포털에서 뉴스가 주요한 콘텐츠로 성장하기 시작했고 이용량도 폭발적으로 증가했다. 현재 포털 사이트는 국내 온라인 뉴스 유통을 주도하며 뉴스 제공자와 이용자에게 절대적 영향력을 미치고 있다.

포털 사이트가 사람들이 뉴스와 정보를 접하는 핵심 창구로 자리 잡으면서 기사 바로 아래에 댓글을 다는 문화가 활성화되었다. 사회적으로 주목을 받는 사건이 발생했을 때는 관련 기사에 수많은 댓글이 달린다. 짧은 시간에 만들어지는 엄청난 양의 댓글이 실시간 여론처럼 여겨지기도 한다. 그것이 강한 사회적 압력으로 작용하면서 입법이나 정책 수정 등의 구체적 결과까지 끌어내기도 한다.

댓글창은 공론장이 될 수 있을까?

과거에는 매스미디어가 일방으로 전달하는 메시지를 수동적으로 받기만 하던 대중이 기사에 대해 적극적으로 자신의 의사를 표현하게 된 것은 인터넷이 만들어 낸 긍정적인 변화의 하나로 여겨진다. 사용자들이 댓글을 통해 사회의 여러 사안에 대해 능동적으로 자기의 의견과 감정을 표현하는 현상은 민주주의의 성숙이라는 측면에서 좋은 평가를 받기도 했다. 특히 인터넷 뉴스의 댓글 공간은 사람들이 사회적 이슈에 대해 자유롭고 평등하게 토론하고 합의에 이르는 '공론장'에 비유되었다. 공론장은 대의민주주의의 단점을

보완하는 직접민주주의의 성격을 갖고 있으며 숙의민주주의를 달성하는 과정에서 중요한 역할을 한다.

하지만 실제로 나타나는 댓글 문화를 보면, 이상적인 공론장의 모습에서 벗어나는 경우가 많다. 익명성을 바탕으로 움직이는 인터넷의 특성상, 댓글이 항상 이성적 토론의 방식으로 작성되지는 않는다. 오히려 근거 없는 소문이나 욕설, 감정적 비방들이 난무하면서 토론을 통해 합의에 도달하기 어려운 모습이 더 흔하게 나타난다.

특히 타인을 과도하게 공격하고 명예를 훼손하는 등 사람들에게 정신적 상처를 주는 악성 댓글이 증가하면서 많은 피해자가 발생하고 있다. 이처럼 댓글을 통해 제한 없이 드러나는 욕설, 비

방, 혐오 표현, 저속한 표현 등은 오히려 공론장을 파괴하고 인터넷에 대한 신뢰도를 떨어뜨릴 뿐 아니라, 시민의 참여를 감소시키고 사회 갈등을 조장한다.

악성 댓글=살인 무기

2000년대 이후 악성 댓글에 시달리던 연예인들이 자살하는 등의 심각한 피해가 발생하면서 사회적 관심이 증가했다. 악성 댓글을 조장하는 것은 인터넷이 제공하는 익명성, 비대면성, 집단성이다.

이용자의 신분이 드러나지 않는 익명성 때문에, 사람들은 평소라면 다른 사람들 앞에서 차마 하지 못할 욕설, 저속하고 극단적인 표현, 비방 등을 온라인에서는 거리낌 없이 하는 경향을 보인다.

또한 인터넷에서는 상대방과 직접 대면하지 않는 비대면성이 확보되기 때문에 타인을 살아 있는 인격체로 보지 않고 가차 없이 공격하는 행동도 쉽게 나타날 수 있다.

게다가 비슷한 악성 댓글을 쓰는 사람들이 많아지면 그 집단 속에 숨어 어떤 책임감도 느끼지 않고 마치 놀이처럼 악성 댓글을 달게 된다.

여론 조작을 위해 만들어진 가짜 댓글도 댓글 문화의 어두운 면이다. 댓글이 실시간 여론처럼 여겨지자 정치 세력들은 자신에게 유리한 여론을 형성하기 위해 조작한 댓글을 집단적이고 조직적으로 달기 시작했다. 2013년 제18대 대통령 선거에서는 국정원과 국방부, 국가 보훈처와 같은 국가기관까지 동원되어 가짜 뉴스와 SNS 댓글로 특정 후보에게 유리한 여론을 형성하려 하기도 했다.

악성 댓글의 문제점을 개선하기 위해 여러 방법이 사용되고 있다. 한국에서는 2003년에 인터넷 이용자의 실명과 주민등록번호가 확인될 때만 인터넷에 글을 올릴 수 있도록 하는 인터넷 실명제를 시행하기도 했다. 하지만 2012년 헌법이 보장하는 표현의 자유를 침해할 수 있다는 지적을 받아 폐지되었다. 2017년 네이버에서는 뉴스 댓글 서비스에 '접기 요청' 기능을 추가하기도 했다. 사용자가 보고 싶지 않은 댓글을 선택해 '접기 요청'을 하면 해당 댓글을 사라지게 할 수 있다. 카카오는 2019년 다음의 연예 뉴스에 대한 댓글 서비스를 폐지했다. 네이버에서도 2020년 연예 뉴스와 스포츠 뉴스의 댓글 서비스를 없앴다. 요즘은 인공지능 기술을 이용해 문제가 되는 댓글을 감지해 자동으로 숨기는 서비스를 운영하기도 한다.

점점 나빠지는 댓글 문화를 개선하기 위해 '선플 달기' 운동도 일어났다. 선플은 악플, 즉 악성 댓글의 반대어로 특정 이슈에 대하여 이성적이고 논리적으로 의사를 전달하거나 타인의 삶을 배려하고 격려하는 긍정적이고 희망적인 내용의 댓글을 말한다. 한국에서는 2007년 선플달기 운동본부가 세워지기도 했다.

양날의 콘텐츠

댓글은 인종, 나이, 성별, 국가, 정치 성향 등이 다른 다양한 사람들이 인터넷을 통해 자기의 생각과 의견을 자유롭게 표현하는 중요한 미디어이다. 또한 댓글은 콘텐츠 제작자와 이용자를 연결하는 소통의 다리 역할을 하며, 다양한 시각과 관점을 접할 수 있는 기회를 제공한다. 콘텐츠 제작자는 댓글을 통해 콘텐츠에 대한 응원과 지지뿐 아니라 비판과 반론을 확인하고 더 나은 콘텐츠를 만들 수 있는 기회를 얻게 된다.

우리는 콘텐츠뿐 아니라 콘텐츠에 달린 댓글을 통해서도 다양한 정보와 감정, 의견을 이해하고 우리 자신의 시야를 넓힐 수 있다. 따라서 댓글은 또 다른 콘텐츠라고 볼 수 있다.

하지만 댓글은 혐오와 불화의 뿌리가 될 수도 있다. 조작된 댓글, 악성 댓글은 사람들에게 정신적인 고통을 초래하며 사회적 분열을 더욱 심화한다. 인간과 사회를 위한 중요한 소통의 도구가 될 수 있는 동시에, 인간과 사회를 해치는 무기가 될 수도 있는 것이다.

그러므로 우리는 댓글을 작성할 때 다른 사람들을 존중하고 아끼는 마음을 잃어서는 안 된다. 자신이 가진 탐욕과 증오를 합리화하고 전달하는 수단으로 댓글을 이용하지 않도록 노력해야 한다.

이용자뿐 아니라 댓글 기능을 제공하는 플랫폼 사업자들도 댓글 조작과 악성 댓글을 방지할 수 있는 기술적·제도적 장치를 마련해 효과적인 방식으로 댓글을 관리할 필요가 있다.

너와 나를 이어 주는 SNS

초기 인터넷 사이트들은 정보를 모아서 제공하기만 하는 단순한 방식으로 운영되었다. 게시판을 이용해 이용자가 댓글을 다는 정도가 상호작용의 대부분이었다. 하지만 일명 '웹 2.0' 시대로 들어서면서, 누구나 인터넷을 통해 정보를 생산하고 공유하며 다른 사람들과 소통할 수 있는 플랫폼이 자리를 잡았다.

사용자 간의 자유로운 커뮤니케이션과 정보 공유가 이루어지고 친구 맺기를 통해 사회적 관계를 생성하고 강화하는 온라인 플랫폼을 SNS^{Social Network Service} 또는 소

> **웹 2.0**
>
> 웹 1.0이 인터넷을 통해 정보를 일방으로 전달했다면, 웹 2.0은 개방, 참여, 공유의 정신을 바탕으로 사용자가 직접 정보를 생산하여 양방향으로 소통한다.

셜 미디어social media라고 한다. 2007년 아이폰의 등장으로 본격적으로 사용되기 시작한 스마트폰 덕분에 SNS는 일상생활에서 거의 필수적인 미디어가 되었다.

SNS의 긍정적인 역할

과거에는 일방으로 메시지를 전송하는 텔레비전과 같은 매스미디어가 사회를 지배했지만, 이제는 그 자리를 스마트폰이 차지하고 있다. 2021년 방송통신위원회 보고서에 따르면, 10~20대의 90% 이상이 스마트폰을 일상생활에서 꼭 필요한 미디어로 인식하고 있다. 스마트폰은 단순한 통화나 문자 서비스뿐 아니라 사진 촬영, 음악 듣기, 동영상 보기, 뉴스 보기, 쇼핑하기 등 수많은 기능을 제공한다.

SNS는 스마트폰의 이러한 모든 기능이 활용되는 대표적인 플랫폼이다. 페이스북, 인스타그램, 틱톡, 트위터, 핀터레스트, 스레드, 카카오스토리, 밴드, 블로그 등 수많은 SNS 플랫폼이 존재한다. 각각의 플랫폼은 고유한 특성과 서비스를 제공하며, 사용자는 자기의 필요와 목적에 따라 적합한 플랫폼을 선택해 이용한다. 이런 SNS는 우리의 일상생활에서 다음과 같은 긍정적 역할을 한다.

첫째, 사용자의 정체성을 형성한다. SNS에서 사람들은 생각, 감정, 취향, 경험을 표현하고 공유하는 과정을 통해 자신의 이미지를 유지하거나 개선하면서 정체성을 구성한다. 때로는 자신의 원래 모습과는 다른 정체성을 가진 '부캐'를 만들어 다양한 모습을 자유롭게 탐색하면서 일종의 정체성 놀이를 하는 장이 되기도 한다.

둘째, 사회적 관계를 형성하고 유지한다. SNS는 가족이나 친구들과 지리적 제약 없이 서로의 생활과 소식을 공유하고 응원하면서 관계를 유지하고 강화하는 데 도움을 준다. 또한 지역, 사회, 문화, 언어, 관심사 등이 다른 사람들과 소통하며 새로운 친구를 만들고 인간관계를 넓히는 기능을 한다.

셋째, 정보와 지식을 습득하는 수단이 된다. SNS는 신속하고 효과적인 방식으로 정보와 소식을 전달하고 지식을 습득하도록 돕는다. 다양한 정보와 지식이 SNS를 통해 빠르게 퍼지고 공유된다.

넷째, 콘텐츠를 제작하고 전파하는 도구이다. 우리의 의견과 생각을 자유롭게 표현한 콘텐츠, 기업의 광고와 홍보 콘텐츠도 SNS를 통해 유통된다. SNS에는 생활에 도움이 되는 글, 사진, 동영상 등으로 이루어진 다양한 콘텐츠가 넘친다.

다섯째, 여론을 형성한다. SNS를 통해 정보가 빠른 속도로 전파되면서 여론에 큰 영향을 미친다. SNS를 적극적으로 활용해 콘텐츠를 제작하고 정보를 공유하면서 수많은 팔로워구독자들에게 영향을 미치는 1인 미디어 창작자를 인플루언서라고 한다.

SNS의 부작용

SNS는 부정적인 면 또한 갖고 있다. 개인정보 유출을 통한 사생활 침해, 혐오와 사이버 폭력의 확산, 가짜 뉴스의 전파로 인한 사회적 불신 증가 등이 대표적 부작용들이다.

SNS가 '좋아요' 수, 조회 수, 팔로워 수에 집착하는 경쟁의 장이 되면, 타인의 관심과 주목을 받기 위해 과도하고 위험한 행위를 보여 주거나 화려한 생활을 과시하는 콘텐츠가 많아진다. 실제로 조회 수를 올리기 위해 위험한 행동을 하다가 사망하거나, 형편에 맞지 않는 과소비를 하다가 경제적 어려움에 빠지는 경우가 생기고 있다. 타인의 시선을 의식해 자신의 삶을 과장해서 꾸미는 것도 문제이지만, SNS에 나타나는 타인의 화려한 삶을 보고 열등감이나 우울함을 느끼는 것도 문제이다.

SNS는 우리와 주변의 사람들을 이어 주고 내가 어디에 있든 친구들과 함께 있다는 느낌을 제공하는 강력한 미디어이다. 소통의 창구로서 의미 있는 사회적 관계를 형성하고, 새로운 지식과 정보를 얻는 데 도움을 준다. 하지만 심리적·사회적으로 여러 문제를 일으킬 수 있기에, 적절한 사용과 주의가 필요한 미디어이기도 하다. 자신의 정체성을 만들고 타인과 소통하는 미디어이기에 우리는 책임감 있고 상대방을 존중하는 자세로 SNS를 활용해야 할 것이다.

신상 털기와 사이버 렉카

신상 털기란 특정인의 신분이나 생활 정보를 인터넷 검색으로 찾아내어 다시 인터넷에 무차별적으로 공개하는 행위를 말한다. 이는 사이버 린치cyber-lynching의 하나이다. 린치는 정당한 법적 절차를 통하지 않고 집단적으로 가해지는 폭력을 의미한다. 신상 털기는 특정인의 개인정보를 찾아내 허락 없이 공개함으로써 그 사람의 인권과 사생활에 심각한 피해를 일으키기 때문에 사이버 린치이자 범죄라고 할 수 있다.

신상 털기는 정의로운 행위일까?

신상 털기가 쉬워진 이유 중 하나는 바로 SNS의 대중화이다. SNS는 이름, 직업, 출신 학교, 사는 지역 등의 개인정보를 명시적으로 공개하는 기능을 제공할 뿐 아니라 일상생활을 기록한 다양한 콘텐츠를 통해 자연스럽게 개인정보를 노출하는 방식으로 운영되므로 신상 털기에 적극적으로 이용된다. SNS의 콘텐츠가 구글 검색 등을 통해 노출될 경우, 신상 털기는 아주 간단히 이루어진다.

신상 털기는 인터넷 이용자의 왜곡된 공명심에서 비롯되는 경우가 많다. 어떤 사람이 부정적인 이유로 사회적 논란의 대상이 될 경우, 그의 신상을 밝혀 공개하는 것이 사회 정의를 실현하는 일이라고 생각하는 사람이 많다. 이들은 특정인이 잘못된 행동을 하거나 범죄를 저질렀다고 단정하고, 개인 정보를 공개하는 것은 그에게 망신을 주고 벌을 내리는 행위라고 생각한다. 심지어 스스로를 '네티즌 수사대'라고 부르면서 경찰이 하지 못하는 일을 대신한다고 생각하기도 한다.

처음부터 악의를 가지고 신상 털기를 하는 경우도 많다. 이것은 스토킹이나 비방 등의 행위로 타인에게 해를 끼치고자 하는 나쁜 의도를 갖고 있기에 심각한 범죄로 규정된다.

연예인을 대상으로 신상 털기를 해서 사생활을 침해하는 '사생팬' 역시 처음 의도가 좋았다고 해도 범죄로 이어질 수 있다.

이처럼 신상 털기는 그 동기와 상관없이 심각한 문제를 일으킨다. 대상자뿐 아니라 그와 같은 이름을 가진 사람들까지 억울하게 피해를 받는 일도 많다.

소비가 곧 가해

신상 털기 콘텐츠가 인기를 끄는 것은 일단 집단적 관음증이 나타나는 현상이라고 볼 수 있다. 관음증은 남의 사생활을 몰래 훔쳐보면서 재미와 즐거움을 느끼는 병적인 증상이다.

어떤 사람은 신상 털기가 '알 권리'를 위한 행동이라고 주장하기도 한다. 하지만 개인의 사생활은 특수한 경우가 아니라면 공적인 정보에 속하지 않기 때문에 대중의 알 권리와는 무관하다. 개인의 사적 정보를 공개하는 것은 법적으로 엄격히 통제되어야 한다. 이를 무시하고 자의적으로 타인의 사생활 정보를 수집하고 공개하는 것은 범죄 행위이다. 심지어 신상 털기의 피해자가 그로 인해 자살을 할 정도로 심각한 피해를 초래할 수 있다.

신상 털기 콘텐츠는 댓글, 공유, 퍼 나르기 등의 활동을 통해 순식간에 엄청난 규모로 유포되기 때문에 피해가 기하급수적으로 증가하는 경향이 있다. 또한 인터넷에 유포된 정보를 모두 삭제하는 것은 불가능하기에 사실상 영구적인 피해가 발생한다는 특징이 있다.

게다가 신상 털기 콘텐츠는 인터넷을 통해 유포되는 과정에서 변형, 과장, 왜곡을 거치는 경우가 많기 때문에 피해는 더 커진다. 이 과정에서 콘텐츠 이용자들은 단순한 소비자가 아니라 능동적인 가해자가 된다.

누구보다 빠르게, 누구보다 자극적으로

신상 털기가 주로 사적 영역에서 특정인을 대상으로 발생하는 괴롭힘 행위라면, 공적 영역에서 뉴스와 정보를 빙자해 타인에 대한 부정적 콘텐츠를 제작해 유포하는 이들을 사이버 렉카Cyber wrecker 라고 한다.

사이버 렉카는 교통사고가 일어났을 때 사이렌을 울리며 달려가는 레커차견인차처럼, 타인의 불행이나 실수, 잘못 등이 사회적 관심을 받는 일이 발생했을 때 관련된 정보를 인터넷 공간에 빠르게 유포하는 사람을 의미한다.

사이버 렉카는 타인의 불행을 이야깃거리로 삼아 자극적 콘텐츠를 제작해 인터넷 공간에 유포함으로써 조회 수와 인지도 등을 올리며 개인적 이익을 추구한다. SNS 플랫폼을 이용해 경제 활동을 하는 1인 미디어 창작자가 증가하면서 자극적 콘텐츠로 손쉽게 조회 수를 올려 광고 수입을 얻고자 하는 사이버 렉카도 늘어나는 추세이다.

자극적인 콘텐츠일수록 대중의 관심을 받기 때문에, 사이버 렉카는 자신의 이익을 추구하기 위해 남의 고통이나 불행, 잘못을 자극적으로 포장해 전달하는 경향이 있다. 그리고 이 과정에서 정보의 과장, 왜곡, 축소를 주저하지 않으며 심지어 사실 여부를 확인하지 않거나 가짜 뉴스를 만들기도 한다.

사이버 렉카는 특히 유명인의 사생활이나 잘못 등을 조롱하고 비난하는 방식으로 자극적이고 선정적인 콘텐츠를 유포해 이용자들의 관심과 비난을 유도하고 선동하는 경향을 보인다. 그렇기 때문에 사이버 렉카 콘텐츠는 악성 댓글의 온상이 되고 있다.

밀폐된 방에서 들리는 메아리

사이버 렉카 콘텐츠를 소비하는 이용자들은 악의적인 콘텐츠에 동조하는 댓글을 작성하면서 확증편향에 빠진다.

> **확증편향**
>
> 자기의 생각이나 신념에 일치하는 정보만을 선택적으로 접하면서 그 생각이나 신념이 옳다는 것을 확인하는 경향이다. 쉽게 말해, 보고 싶은 것만 보고, 듣고 싶은 것만 듣는 심리다.

사이버 렉카의 콘텐츠를 중심으로 모인 이용자들이 다른 의견이나 정보를 차단하고 무시하는 과정에서 같은 생각과 정보만을 접하게 되는 반향실echo chamber 효과가 발생한다. 사방이 밀폐된 반향실에서 외부 소리가 들어오지 않고 같은 소리만 메아리처럼 되풀이되듯, 자기의 신념과 같은 소리만을 듣는 사람들은 쉽게 확증편향에 빠지고 이 과정에서 악성 댓글은 점점 더 극단적인 내용을 띠게 된다.

사이버 렉카가 유포하는 선정적이고 악의적인 콘텐츠는 단순한 볼거리에 그치지 않는다. 그 비방 대상이 된 사람은 개인적으로 엄청난 고통을 겪으며 큰 손해를 입게 된다. 또한 사이버 렉카의 콘텐츠는 집단의 의견을 극단화한다는 점에서 인종, 종교, 성별 등 다양한 측면에서 혐오를 조장하고 갈등을 부추기면서 사회적 분열을 심하게 만들 수 있다.

신상 털기와 사이버 렉카는 디지털 미디어가 만들어 낸 어두운 면들이다. 모두가 안전하고 존중받는 디지털 미디어 환경을 만들기 위해서는 디지털 플랫폼의 콘텐츠 관리와 법적 제도의 정비 등도 필요하지만, 이용자 스스로 비판적 시각을 갖고 정보를 확인하는 노력을 해야 한다. 또한 혐오적인 내용을 무분별하게 소비하고 유포하지 않으려는 자세를 가져야 할 것이다.

'알 권리'는 누구의 것인가

유명인이 범죄를 저지르는 것은 대중의 큰 관심을 받는 사건이
다. 실제로 연예인이나 정치인이 범죄로 고발되고 조사를 받는
일이 일어날 때마다 사이버 렉카가 등장해 사건을 집중적으로
다루면서 자극적인 콘텐츠를 경쟁적으로 만들어 낸다. 사이버 렉
카가 아닌 제도권의 언론 미디어도 해당 사건을 크게 보도한다.
경제적 이익과 대중의 관심을 얻기 위해 콘텐츠를 유포하는 사
이버 렉카와는 달리 기성 언론 미디어는 과연 좀 더 객관적이고
심층적인 정보를 제공할까?

1인 미디어와 언론 미디어의 차이

사이버 렉카는 기본적으로 1인 미디어 창작자나 인플루언서와

같은 개인의 사적 활동으로 간주된다. 그렇기에 1인 미디어 콘텐츠에는 폭넓은 표현의 자유가 허용된다. 선정적이고 자극적인 내용이나 거짓 정보를 만들어 유통해도 타인의 명예를 훼손하거나 국가의 안보를 명백히 위협하지 않는 한, 규제나 처벌의 대상이 되지 않는다.

하지만 제도권의 언론 미디어는 공공의 이익을 위해 봉사해야 하는 책임을 갖는다. 언론 미디어가 제작해 유통하는 기사나 뉴스와 같은 콘텐츠도 1인 미디어 콘텐츠보다는 좀 더 엄격한 규제와 통제의 대상이 된다. 언론 미디어의 활동을 규제하기 위한 법과 제도가 만들어져 있을 뿐 아니라 자체적으로 언론 윤리 강령 등을 제작해 공적인 책임을 충실히 이행하려 노력한다.

1인 미디어 활동이 개인의 의견과 감정을 표현하기 위한 것이라면, 언론 미디어의 활동은 국민의 알 권리를 대변하고 보장하기 위한 공적 활동이다. 알 권리는 국민 개개인이 자신이 속한 국가와 사회에 대한 다양한 정보를 자유롭게 청구하고 접근하고 조사하고 취득할 수 있는 권리이다.

1922년 미국의 언론인이었던 월터 리프먼은《여론》이라는 책에서 '알 권리'를 국민이 가진 특권이라고 주장했다. 국민이 국가의 주인으로서 국가의 운영에 적극적으로 참여하는 제도가 민주주의이기 때문에, 국민은 국가 운영 전반에 관한 정보를 알 권리를 가져야 한다. 따라서 국민의 알 권리가 보장되지 않는다면, 민

월터 리프먼의 《여론》 1922년 초판을 재현한 2018년
판 표지

주주의는 실현될 수 없다.

'알 권리'는 언론이 아닌 국민의 것

국민 개개인이 직접 국가 운영과 관련된 정보를 조사하고 취득
하는 일은 쉽지 않다. 그래서 언론 미디어가 국민의 알 권리를 양
도받아 사회의 각 분야에서 생산되는 정보를 취재하고 뉴스로

제작해 보도할 권리를 행사하게 된다. 국민이 국가 운영과 관련한 정확한 정보를 알 수 있으려면 언론 미디어가 성역, 즉 침범할 수 없는 구역 없이 자유롭게 취재와 보도를 할 수 있어야 한다. 이렇듯 국민의 알 권리를 보장하기 위해서 언론의 자유가 필요하다고 말하는 것이다.

그래서 언론 미디어는 어떤 사건을 취재하고 보도할 때, 흔히 국민의 알 권리를 위해서라는 명분을 내세운다. 국민 개개인이 국가적·사회적으로 중요한 사안에 대한 충분하고 정확한 정보를 언론 뉴스를 통해 획득할 수 있다면, 자유로운 토론과 여론 형성을 통해 정치에 참여함으로써 민주주의를 실현할 수 있다. 하지만 국민이 가진 알 권리를 언론 미디어가 자신의 활동을 보호하기 위해 사용하면서, 알 권리가 언론의 특권처럼 인식되는 문제가 발생한다. 알 권리는 언론 미디어의 것이 아니라 국민의 권리이다. 언론 미디어가 국민의 알 권리를 위해 봉사하고자 한다면, 언론 미디어가 아닌 국민이 알고자 하고 또 알아야 하는 것이 무엇인지를 고민해야 한다.

유명인이 저지른 범죄와 같은 자극적인 사건을 언론 미디어가 보도하는 경우, 어떤 뉴스가 국민의 알 권리를 보장하는 뉴스인지를 신중하게 판단할 필요가 있다. 유명인의 범죄는 대중이 알고자 하는 공적인 관심사가 될 수 있지만, 그렇다고 해서 범죄와 관련된 모든 내용을 적나라하게 보도하는 일은 국민의 알 권리

충족과는 거리가 먼 것이다.

특히 범죄의 과정을 세세하게 묘사한다든가, 범죄 자체와는 직접적인 관계가 없는 개인적인 문자나 통화 내용을 상세히 알려주는 것은 국민의 알 권리 충족이라기보다는 사생활 침해일 가능성이 더 크다. 사적인 정보를 노출하거나, 민감한 사안을 너무 상세하게 보도하는 일은 당사자 개인이나 집단에게 큰 상처를 준다.

사생활을 '알 권리'는 없다

국민의 알 권리는 공적 영역의 정보에 대한 자유로운 접근과 취득의 권리이다. 공적 정보에 대한 국민의 알 권리가 중요하다면, 개인의 사생활이 보호받을 권리인 프라이버시권도 그에 못지않게 중요하다. 프라이버시권은 개인의 사생활에 대해 타인의 방해와 간섭을 받지 않으며 사적인 정보를 보호받을 권리이다. 한국의 헌법 제17조는 "모든 국민은 사생활의 비밀과 자유를 침해받지 아니한다"라고 명시하고 있다. 따라서 개인의 사생활 정보와 관련해서는 국민의 알 권리도 제한된다.

투명한 정보 공개를 요구하는 알 권리와 정보의 비밀 유지를 요구하는 프라이버시권은 상반되기 때문에 충돌을 일으킨다. 또한 사적 영역과 공적 영역을 구분하는 기준도 명확하지 않으며 사람마다 다를 수 있다. 개인의 사생활과 관련된 사건의 정보를 공개하는 것이 공익적인지 사생활 침해인지를 판단하는 일은 쉽지 않다. 더구나 언론 미디어는 광고 시장에서 더 많은 상업적 이익을 얻기 위해 치열하게 경쟁하고 있어서, 시장의 논리에 따라 사생활 침해의 위험이 있는 자극적이고 선정적인 보도를 선택할 가능성이 크다.

결국 국민의 알 권리 보장이라는 명분으로 일어나는 사생활 침해를 막기 위해서는 정보의 공익성에 대한 언론 미디어의 냉철하고 신중한 판단이 필요하다. 덧붙여 언론 미디어가 제공하는 뉴스를 대하는 대중의 이성적인 태도도 매우 중요한 역할을 한다. 타인의 사생활을 엿보고 싶은 욕구와 충동은 누구나 가질 수 있지만, 거기에 휩쓸리지 않고 사안을 이성적으로 판단하는 자세를 가져야 한다. 국민의 알 권리와 개인의 프라이버시권은 서로 대립하며 충돌하는 권리이기 때문에, 둘 사이에서 적절한 균형을 맞추는 일이 중요하다.

탈진실의 시대, 딥페이크 공화국

미디어는 현실을 있는 그대로 재현하지는 않는다. 현실을 말이나 글로 설명하거나 소리나 영상으로 표현하는 과정에서 우리는 특정 부분을 생략하거나 과장해 현실을 좀 더 매력적으로, 혹은 극적으로 보이게 만든다. 그동안 영화와 텔레비전 같은 매스미디어는 현실을 미화하거나 왜곡한다는 비판을 자주 받았다. 하지만 적어도 매스미디어가 재현하는 현실 그 자체는 분명 존재하는 것이었다.

그런데 디지털 기술과 인공지능 기술이 발달하면서 실제로는 존재하지 않는 것을 미디어를 통해 마치 존재하는 것처럼 보여주는 일이 가능해졌다. 가짜와 진짜를 구별할 수 없게 가짜를 진짜처럼 정교하게 만든 콘텐츠를 딥페이크라고 한다.

정치적 비방에서 디지털 성범죄까지

딥페이크는 인공지능의 데이터 학습 기술인 딥러닝을 이용해 만드는데, 그중에서도 주로 생성적 적대 신경망Generative Adversarial Network, GAN이라고 불리는 모델을 이용한다. 이 모델은 생성자 Generator와 판별자Discriminator라는 두 개의 인공지능이 서로 경쟁하는 방식으로 구성된다. 생성자는 실재와 비슷한 가짜 데이터를 만드는 일을 하고, 판별자는 생성자가 만든 데이터에서 어색한 부분을 찾아내는 일을 한다. 즉, 생성자는 판별자를 속이려 하고 판별자는 생성자의 속임수를 발견하려 하는 것이다. 이처럼 범죄자와 경찰관의 역할을 하는 두 인공지능이 서로 경쟁하는 가운데 점점 더 가짜임을 밝히기 어려운 데이터가 만들어진다.

지금까지는 기존의 동영상에 유명인의 얼굴과 목소리를 합성하는 딥페이크가 주로 제작되어 왔다. 전 미국 대통령 오바마가 후임 대통령이었던 도널드 트럼프를 비난하는 모습을 보여 주는 딥페이크나, 영화 〈아이언맨〉의 주인공 얼굴을 다른 배우의 얼굴로 바꾼 딥페이크 등이 대표적이다.

딥페이크 기술은 얼굴이나 목소리를 변형하거나 합성하는 기술이기 때문에, 가볍게 사용한다면 재미있는 영상을 만들면서 즐기는 오락 수단이 될 수 있다. 또 영화나 텔레비전 드라마에서 배우가 특별한 분장을 하지 않고서도 실제 나이보다 더 어리거나 나이 든 모습을 연기하는 데 사용되기도 한다. 심지어 이미 사망

인공지능 프로그램 미드저니Midjourney로 만든 도널드 트럼프 체포 이미지

한 배우가 영화에서 새로운 배역을 연기하도록 만들 수도 있다.

하지만 딥페이크가 부정적으로 사용되는 경우가 훨씬 많다. 정치적인 비방이나 조롱의 목적으로 사용되거나, 심각한 경우에는 유명인의 얼굴을 도용해 음란물을 제작하거나 사기 행각을 벌이는 등 범죄에 쓰이기도 한다. 더 심각한 것은 딥페이크 성범죄 대상이 더 이상 유명인에 그치지 않고 일반인까지 확대되고 있는 현상이다. 피해자 대부분이 여성이며, 그중 청소년의 비율이 30%에 달해서 사회문제가 되고 있다.

딥페이크를 만드는 기술은 계속 빠르게 발전하고 있어서, 무엇이 진짜이고 가짜인지를 일반인의 눈으로 식별하기는 점점 더 어려워지고 있다. 이제는 딥페이크 관련 애플리케이션이 늘어나면서 누구나 쉽게 딥페이크 사진이나 영상을 만들 수 있다. 재미를 위해 딥페이크를 만들고 즐길 수는 있지만, 남을 속여 불신과 혐오를 조장하고 타인의 명예를 훼손하거나 부당한 이익을 얻는 등, 딥페이크 기술을 악용하는 사례가 증가하는 것은 큰 문제이다.

'진짜'와 '진실'에 대한 믿음

딥페이크는 현실에 존재하지 않는 것을 존재하는 것처럼 보여준다. 딥페이크를 경험하면서 무엇이 진짜이고 가짜인지를 구별하기 어렵게 되면 우리는 현실에 대한 믿음을 잃어버릴 수도 있다. 아무리 가짜가 판을 쳐도 어딘가에는 진짜가 있고 진실을 발견할 수 있다는 확고한 믿음이 점차 흔들린다. 이처럼 누구나 이성적 활동을 통해 보편적인 진실을 발견하고 알 수 있다는 믿음이 사라진 시대를 탈진실post-truth의 시대라고 한다.

'탈진실'은 대상이 진실인지 아닌지 판단할 때 이성적 관찰과 분석보다는 주관적 감정이 더 크게 작용하는 현상을 가리킨다. 사람들이 사실에 기반한 정보는 소홀히 하거나 무시하고 주관적인 믿음과 감정에 따라 진실 여부를 판단하는 현상이 확산하고 있다.

탈진실의 시대에는 진짜와 가짜 사이의 명확한 구별이 불가능하며 누구나 인정해야 하는 절대적인 진실이란 존재하지 않는다. 이제 사람들은 자신이 좋아하고 믿는 것을 진실이라고 생각한다. 이성적인 판단이 아니라 좋거나 싫은 감정이 진실을 판단하는 기준이 된다. 즉, 내가 싫어하는 것은 악이고 거짓이며 내가 좋아하는 것은 선이고 진실이 되는 것이다.

딥페이크의 등장은 이런 탈진실 현상을 더욱 부추긴다. 딥페이크는 실재와 거의 구분할 수 없는 진짜 같은 영상을 생성하므로, 사람들은 미디어가 전하는 모든 뉴스와 영상을 의심하게 된다. 특히 1인 미디어를 통해 가짜 뉴스와 딥페이크가 대량으로 유통되면서 미디어 전체의 신뢰성이 낮아진다. 예를 들어, 정치인이나 유명인의 발언과 행동을 조작하는 딥페이크의 경우에는 특정 정치 세력의 이익을 위해 이용되기 때문에 사회적 혼란을 일으키고 정치적 불신을 증가시킨다.

딥페이크를 식별하고 탐지하는 기술이 계속 연구되고 발달하고 있지만, 기술만으로는 사회적 혼란과 불신을 줄이기 어렵다. 기술과는 별개로, 정보를 생산하고 유통하는 언론 미디어가 책임 있는 자세를 보일 필요가 있다. 절대적 진실을 발견하고 알리는 것은 어렵다고 하더라도 최소한의 사실과 거짓은 구분해 전달하려는 노력이 필요하다. 정보 해석과 관련해 모든 언론 미디어가 같은 판단 기준을 가질 수는 없지만, 각각의 미디어가 적어도 하나의 기준을 모든 사안에 동일하게 적용하는 일관성은 보여야 한다. '귀에 걸면 귀걸이, 코에 걸면 코걸이' 방식이나 '내로남불^{내가 하면 로맨스, 남이 하면 불륜}' 방식으로 일관성 없는 태도를 보여서는 안 된다.

한편, 미디어 이용자들은 가짜 뉴스나 딥페이크를 식별하고 판단하는 능력을 길러야 한다. 미디어를 이해하고 분석하고 활용할 수 있는 능력인 미디어 리터러시를 길러서, 점점 똑똑해져 가는 미디어만큼이나 똑똑한 이용자가 될 필요가 있다.

진로 찾기 **1인 미디어 창작자**

2000년대 이후 디지털 미디어의 시대가 도래하면서 새롭게 등장한 직업이 있다. 활동하는 플랫폼에 따라 유튜버, BJ, 크리에이터, 스트리머, 틱톡커, 블로거 등으로 불리는 이 직업은 바로 1인 미디어 창작자이다. 1인 미디어 창작자란 인터넷과 모바일 미디어를 이용한 디지털 플랫폼 환경에서 다양한 주제의 영상 콘텐츠를 제작하고 이를 다수의 이용자와 공유하여 경제적 이익을 얻는 사업자를 의미한다. 유튜브, 아프리카TV, 트위치, 틱톡 등은 1인 미디어 창작자가 활동하는 대표적인 플랫폼이다.

플랫폼은 본래 '정거장'이란 뜻이다. 기차나 버스를 타기 위해 사람들이 잠시 머무는 정거장처럼, 디지털 플랫폼은 인터넷 이용자들이 머물면서 다양한 경제활동을 할 수 있도록 여러 기술적 장치를 제공하는 공간이다. 예를 들어 유튜브는 이용자들이 동영상을 업로드하고 공유함으로써 광고 수익을 올릴 수 있는 동영상 공유 플랫폼이다. 1인 미디어 플랫폼 사업자는 1인 미디어 창작자가 생산한 콘텐츠를 실시간으로 전송하거나 저장해 공유할 수 있는 서비스를 제공하고, 1인 미디어 창작자와 광고 수익 등을 나누어 갖는다.

1인 미디어 창작자는 디지털 플랫폼을 활용하여 독자적으로 미디어 콘텐츠를 제작하고 배포한다. 신문사나 방송국과 같은 미디어 기업에 고용되지 않은 이들은 자유롭게 자신의 아이디어와 창의력을 발휘하여 다양한 주제의 콘텐츠를 만들고 수많은 사람과 공유하면서 경제적 이익을 얻을 수 있을 뿐 아니라 사회에 일정한 영향을 미치는 기회를 얻게 된다.

1인 미디어 창작자의 업무는 다양한 형태의 미디어 콘텐츠를 창작하고 관리하는 것으로 시작한다. 이 콘텐츠는 블로그 글, 음성 파일, 브이로그 영상, SNS 게시물, 웹툰, 동영상 등 다양한 형식으로 제작될 수 있다. 창작자는 주로 자신이 관심 있거나 전문적 지식을 가진 주제를 선택하며, 이를 바탕으로 흥미로운 콘텐츠를 만들어 낸다.

하지만 이미 자리 잡은 기업에 취업한 것이 아니기 때문에, 1인 미디어 창작자로서 성공하기 위해서는 매우 큰 노력과 인내가 필요하다. 콘텐츠 제작, 편집, 마케팅, 구독자 관리 등 다양한 업무를 혼자서 하는 경우가 많아서 업무 부담이 클 수 있으며, 초기에는 시청자나 구독자가 적어서 수익을 창출하는 것이 어려울 수 있다. 하지만 초기의 어려움을 잘 극복해 꾸준하고 충실한 작업을 해 나가다 보면 충성도 있는 이용자들을 확보하고 커뮤니티를 형성하면서 지속적인 성장을 이룰 수 있다.

1인 미디어 창작자는 꾸준히 활동하면서 인지도를 얻게 된다면 콘텐츠를 통한 광고 수익뿐 아니라 후원, 상품 판매, 모델 활동, 행사나 강연 등 다양한 수익원을 창출할 수 있다. 게다가 사회적 영향력을 가진 인플루언서가 되어 텔레비전과 같은 매스미디어로 활동 영역을 넓힐 수도 있다.

1인 미디어 생태계가 활성화되면서 다중 채널 네트워크Multi Channel Network, MCN라고 불리는 일종의 기획사도 등장했다. MCN은 1인 미디어 창작자를 비롯해 인터넷에서 활동하는 다양한 인플루언서들을 지원하고 관리하는 회사이다. MCN 사업자는 1인 미디어 창작자가 제작한 콘텐츠의 유통과 판매, 저작권 관리, 광고 유치, 자금 지원 등에 도움을 주고 이로부터 나온 수익을 창작자와 나누어 갖는 방식으로 활동한다.

1인 미디어 창작자로서 성공하기 위해 필요한 역량은 다양하다. 우선, 미디어 콘텐츠를 계속해서 생산하려면 창의적인 아이디어가 필요하다. 새로운 주제와 흥미로운 이야기를 찾고, 독특한 관점을 제공하는 능력을 갖추는 것이 중요하다.

콘텐츠 제작 기술도 필요하다. 1인 미디어 창작자는 대본 작성,

촬영, 편집 등을 혼자서 하는 경우가 많다. 따라서 필요한 콘텐츠 형식에 맞게 영상 편집, 글쓰기, 사진 및 그래픽 디자인 등 적절한 기술을 배우는 것이 중요하다.

이용자와 효과적으로 소통하며 관계를 형성하는 커뮤니케이션 능력도 필요하다. 명확하고 흥미로운 콘텐츠 설명을 제공하고 이용자의 댓글에 적절한 피드백을 주어야 한다.

1인 미디어 창작자는 기본적으로 개인 사업자이기 때문에, 콘텐츠의 홍보와 마케팅을 위한 기술과 지식뿐 아니라 수익 창출과 관련된 사업적인 지식과 재무 관리 능력이 필요하다. 수익 모델, 세금, 계약 등에 대한 여러 사안을 잘 이해하고 있어야 한다.

1인 미디어 창작자에게 무엇보다도 필요한 것은 인내와 긍정적인 마음이다. 성공한 1인 미디어 창작자보다는 실패한 창작자가 훨씬 더 많다. 초기에는 별다른 관심을 끌지 못해 수익을 창출하기 어렵겠지만, 이런 어려움에도 불구하고 끈기 있게 노력하며 긍정적인 마음을 유지하는 것이 중요하다. 자기 관리와 스트레스 대처 능력은 개인 사업을 운영하기 위해서 꼭 가져야 하는 역량이다.

1인 미디어 창작자는 디지털 세계에서 자신만의 브랜드를 만들어 내 대중과 소통한다는 점에서 매우 매력적인 직업이다. 1인 미디어 창작자로 성공하는 것은 쉬운 일이 아니지만, 자신의 아이디어와 노력을 통해 더 나은 삶을 창조하면서 디지털 세상에서 놀라운 모험을 즐길 수 있다는 점에서 한 번쯤 도전해 볼 만한 직업이다.

인터넷과 스마트폰으로 대표되는 디지털 미디어가 사회와 문화를 완전히 변화시키고 있는 지금, 대중의 수요에 부응하는 새로운 서비스와 상품을 개발하면서 그 변화를 선도하는 직업 중의 하나가 바로 서비스 기획자Product manager, PM이다. 디지털 서비스 기획자는 디지털 세상을 구성하는 다양한 서비스의 창조자로서 사용자의 필요와 편의를 충족시키는 혁신적인 서비스를 기획하고 구현하는 일을 담당한다. 디지털 서비스 기획자는 단순한 서비스와 상품을 개발하는 것을 넘어서 미래의 디지털 경험을 선도하는 역할을 한다.

디지털 서비스 기획자는 인터넷과 모바일 미디어를 통해 제공되는 디지털 상품과 서비스의 기획, 개발 및 관리를 담당하는 전문가이다. 그의 업무에는 웹사이트, 모바일 앱, 온라인 플랫폼을 이용한 다양한 디지털 서비스의 기획 및 개발, 관리가 포함된다. 예를 들어, 모바일 앱에서는 지도를 이용할 수 있는 서비스를 제공한다. 지도 서비스를 제공하자는 아이디어에서부터 시작해서 이용자가 편리하고 효율적으로 지도를 사용하도록 하기까지, 지도에 접근하는 방법부터 지도가 표시되는 방식, 지도 위의 작은 버튼 하나까지 세밀하게 기획되고 조정되어야 한다. 이 일을 하는 사람이 바로 서비스 기획자이다.

일반적으로 서비스 기획자는 기술, 비즈니스, 사용자 경험User Experience, UX을 모두 고려하면서 서비스를 개발하고 관리한다. 디지털 서비스 기획자가 하는 업무는 아주 다양하다. 우선, 이용자의 필요와 욕구를 파악하고 이를 바탕으로 혁신적인 아이디어를 발굴한다. 이용자의 불편함을 해소하거나 새로운 경험을 제공하는 아이디어를 내서 새 서비스를 만들거나 기존 서비스를 개선할 수 있다. 디지털 서비스 기획자는 새로운 서비스의 개념, 목표, 기능 등을 구체화해서 개발 팀에게 전달한다.

서비스의 기획과 개발 과정에서 이용자가 서비스를 어떻게 경험하고 이용할 것인지는 중요한 고려 대상이 된다. 이를 위해서는 사용자 경험 디자인은 물론, 사용자 인터페이스User Interface, UI 디자인을 고려해야 한다. UX는 사용자가 서비스를 이용하면서 얻게 되는 전체적인 느낌이나 경험을 말한다. UI는 사용자가 서비스를 이용하기 위해 조작해야 하는 모든 형태의 장치를 의미한다. UX 디자인이 사용자의 편리함을 위해 서비스에 어떤 것들이 포함되어야 하는지를 설계하는 것이라면, UI 디자인은 서비스를 어떤 방식으로 조작할 수 있도록 만들어야 하는지를 고민하는 것이라고 할 수 있다. 디지털 서비스 기획자는 디자이너와 협력하여 이용자가 직관적이고 편리한 환경에서 서비스를 이용할 수 있도록 UX 디자인과 UI 디자인을 개발한다.

디지털 미디어를 이용한 상품과 서비스는 기술적인 요인에 의해 큰 영향을 받는다. 서비스에 대해 아무리 좋은 아이디어가 있다고 해도 기술적으로 구현이 불가능하다면 아무런 소용이 없다. 또한 아무리 혁신적인 서비스라고 하더라도 경제적 수익을 올릴 수 있는 비즈니스 모델이 없다면 큰 의미가 없다. 디지털 서비스 기획자는 기술적인 제약 사항과 가능성을 이해해야 하며, 동시에 비즈니스 목표와 전략을 고려하여 서비스를 기획해야 한다. 이를 통해 현실적이고 성공적인 서비스를 개발할 수 있다.

이런 점에서 볼 때 아이폰을 기획하고 개발한 스티브 잡스는 역사상 가장 뛰어난 서비스 기획자라고 할 수 있다. 잡스는 터치스크린, 인터넷, 휴대폰 등 이미 존재하고 있던 기술들을 모아 아이폰이라는 혁신적인 스마트폰을 기획하고 개발했다. 당시 마이크로소프트와 같은 경쟁사의 경영진은 아이폰은 결코 성공하지 못할 것이라고 했지만, 스티브 잡스는 경쟁자들은 모르던 소비자의 필요와 욕구를 파악하고 있었다. 그는 기존의 기술들을 개량하고 종합해서 최적의 UX와 UI 디자인을 탑재한 아이폰을 바탕으로 애플 생태계라는 새로운 비즈니스 모델을 제시해 큰 성공을 거두었다.

디지털 서비스 기획자는 기술자, 디자이너, 영업 팀과 지속적인 소통과 협업을 통해 새로운 서비스를 개발하고, 공개한 후에도 각종 사용 데이터를 분석하고 사용자의 피드백을 점검하면서 서비스를 계속 개선해 나간다. 결국, 서비스 기획에서부터 출시 후까지 모든 것을 관장하고 관리하는 것이다.

디지털 서비스 기획자는 디지털 미디어를 사용하는 대중의 삶을 더욱 편리하게 만들고, 새로운 가치를 창출하는 중요한 역할을 한다. 사용자 경험과 기술, 비즈니스의 교차점에서 혁신적인 아이디어를 찾아내고, 그것을 현실로 만들어 나가며 디지털 세상을 이끌어 가는 매력적인 직업이다.

직접 해보는

하고 싶은 일을 하려면 무엇을 준비해야 할까?
관심 있는 직업을 직접 조사해 보자.

나의 관심사	
나의 성격	
좋아하는 공부	
내가 되고 싶은 직업	

	❶
이 직업이 하는 일	❷
	❸
	❹
	❺

진출 분야	

필요한 능력	

해야 할 공부 및 활동	

관련 자격증	

이 직업의 롤 모델	

사진 출처

- 22쪽 Hammer of the Gods27 / wikimedia
- 29쪽 Bbsrock / wikimedia
- 34쪽 Public domain / wikimedia
- 43쪽 Public domain / wikimedia
- 48쪽 Public domain / wikimedia
- 65쪽 Public domain / wikimedia
- 71쪽 Binarysequence / wikimedia
- 75쪽 Seattle Municipal Archives / Flickr
- 80쪽 Benutzer-Hihiman / deutschsprachigen Wikipedia
- 88쪽 Public domain / wikimedia
- 94쪽 Keeleysam / wikimedia
- 113쪽 Public domain / wikimedia
- 119쪽 박용수 / 민주화운동기념사업회
- 121쪽 Public domain / wikimedia
- 131쪽 Public domain / wikimedia
- 135쪽 Public domain / wikimedia
- 174쪽 amazon
- 180쪽 Public domain / wikimedia

교과 연계

▶ 중학교 ────────────────────────────────

사회 1

VIII. 다양한 문화의 이해

    2. 미디어와 문화

도덕1

II. 타인과의 관계

    3. 가상공간에서 타인을 어떻게
       대해야 할까?

도덕2

III. 사회·공동체와의 관계

    4. 과학기술 시대의 윤리적 쟁점은
       무엇일까?

기술·가정2

II. 정보 통신과 로봇

    1. 정보 통신과 인공 지능 기술

▶ 고등학교 ────────────────────────────────

사회와문화

III. 일상 문화와 문화 변동

    1. 대중문화의 이해

    2. 미디어의 비판적 분석과 생산

현대사회와 윤리

II. 과학과 디지털 학습 환경 윤리

    2. 정보사회와 윤리

다른 인스타그램

뉴스레터 구독

유튜브가 우리에게 없었다면

신문부터 SNS까지 세상을 잇는 미디어 리터러시

초판 1쇄	2024년 10월 25일
초판 2쇄	2025년 5월 30일

지은이	주형일

펴낸이	김한청
기획편집	원경은 차언조 양선화 양희우 유자영
마케팅	정원식 이진범
디자인	이성아 황보유진
운영	설채린

펴낸곳 도서출판 다른
출판등록 2004년 9월 2일 제2013-000194호
주소 서울시 마포구 동교로 27길 3-10 희경빌딩 4층
전화 02-3143-6478 **팩스** 02-3143-6479 **이메일** khc15968@hanmail.net
블로그 blog.naver.com/darun_pub **인스타그램** @darunpublishers

ISBN 979-11-5633-642-6 44000
　　　979-11-5633-250-3 (세트)

다른 생각이
다른 세상을 만듭니다